本书出版受2023年度保定学院科研培育基金项目"行动与逻辑：米塞斯经济学思想研究"（项目编号：2023B01）资助

行动与逻辑

米塞斯经济学思想研究

陈 博 著

知识产权出版社
全国百佳图书出版单位
——北京——

图书在版编目（CIP）数据

行动与逻辑：米塞斯经济学思想研究 / 陈博著. --
北京：知识产权出版社, 2025.7. -- ISBN 978-7-5130-
9777-2

Ⅰ. F095.21

中国国家版本馆 CIP 数据核字第 2025DE0784 号

责任编辑：王海霞　　　　　　责任校对：谷　洋
封面设计：邵建文　马倬麟　　责任印制：孙婷婷

行动与逻辑：米塞斯经济学思想研究

陈　博　著

出版发行	知识产权出版社 有限责任公司	网　　址	http://www.ipph.cn
社　　址	北京市海淀区气象路 50 号院	邮　　编	100081
责编电话	010-82000860 转 8790	责编邮箱	9376063@qq.com
发行电话	010-82000860 转 8101/8102	发行传真	010-82000893/82005070/82000270
印　　刷	北京建宏印刷有限公司	经　　销	新华书店、各大网上书店及相关专业书店
开　　本	720mm×1000mm 1/16	印　　张	14
版　　次	2025 年 7 月第 1 版	印　　次	2025 年 7 月第 1 次印刷
字　　数	216 千字	定　　价	76.00 元

ISBN 978-7-5130-9777-2

出版权专有　　侵权必究
如有印装质量问题，本社负责调换。

目录

导言　米塞斯其人其书　　　　　　　　　　　　　　　　　　001

第1章　经济学的哲学基础：认识论与方法论　　　　　　　013

1.1　认识论 / 015
1.2　方法论 / 019
1.3　核心主张 / 028
  1.3.1　行动公理 / 029
  1.3.2　行动范畴 / 035
  1.3.3　行动学的先验性及其争议 / 044
  1.3.4　关于经济学的疑问 / 048
1.4　主要反对者 / 050

第2章　经济分析的前提：价值、价格与经济计算　　　　　055

2.1　主观价值论 / 058
  2.1.1　米塞斯之前的价值理论 / 058
  2.1.2　米塞斯的价值理论 / 064
  2.1.3　米塞斯与劳动价值论 / 068

i

2.2 价格 / 069
    2.2.1 间接交换与价格形成 / 069
    2.2.2 价值、交换与价格 / 070
    2.2.3 消费品价格与生产要素价格 / 073
2.3 经济计算 / 075

第3章 经济的微观主体：消费者与企业家　　083

3.1 消费者与市场主体 / 085
3.2 企业家与利润动机 / 088
    3.2.1 企业家与企业家精神 / 088
    3.2.2 利润动机与官僚管理 / 093
3.3 消费者、生产者与市场过程 / 102
    3.3.1 个人与市场 / 102
    3.3.2 竞争与市场过程 / 104
    3.3.3 企业家精神与市场过程 / 106

第4章 经济的中间媒介：货币与信用　　109

4.1 货币的本质 / 112
4.2 货币的价值 / 118
    4.2.1 古典经济学的观点 / 119
    4.2.2 维塞尔的观点 / 121
    4.2.3 米塞斯的观点 / 122
4.3 货币政策 / 132
    4.3.1 通货膨胀主义 / 134
    4.3.2 通货紧缩主义 / 138
4.4 信用媒介 / 139
    4.4.1 银行的两种业务与两种信用 / 140
    4.4.2 银行的两种货币替代品 / 142

目 录

    4.4.3 信用媒介的限制及扩张 / 144

第 5 章 经济的宏观结果：资本、利息与商业周期 *149*

  5.1 时间与行动 / 151

    5.1.1 时间与逻辑学、行动学 / 151

    5.1.2 时间偏好与行动 / 154

  5.2 资本品与生产周期 / 159

    5.2.1 资本品的本质 / 160

    5.2.2 资本品的可变性 / 161

    5.2.3 资本品的保守性 / 162

    5.2.4 资本品与资本 / 163

  5.3 时间偏好视角下的利息 / 164

  5.4 利息、信用扩张与商业周期 / 166

    5.4.1 原始利率与市场利率 / 166

    5.4.2 信用扩张与虚假繁荣 / 168

    5.4.3 货币非中性与商业周期 / 170

第 6 章 经济学的政治含义：自由与干预 *173*

  6.1 价值判断与政治含义 / 175

  6.2 功效主义与经济政策 / 178

  6.3 干预主义 / 180

结语 经济学、经济学家与经济学教育 *185*

参考文献 *193*

附 录

附录 A　奥地利学派经济学与新古典经济学的
　　　　范式比较及思考 / 203
附录 B　米塞斯著作一览表 / 215

▶ 导 言

米塞斯其人其书

米塞斯，全名路德维希·海因里希·艾德勒·冯·米塞斯（Ludwig Heinrich Edler von Mises），1881年9月29日出生于奥匈帝国的伦贝格（Lemberg，加里西亚行省的首府）。他的父亲阿瑟·艾德勒·冯·米塞斯（Arthur Edler von Mises）是政府铁路部门的一名建筑工程师，母亲阿黛里·兰道（Adele Landau）主要负责教育子女，双方家庭均为加里西亚地区的名门望族，特别是米塞斯家族在1881年被弗朗茨·约瑟夫（Franz Joseph）皇帝授予贵族爵位，家族姓氏改称冯·米塞斯，同时享有尊称"艾德勒"的权利。❶ 此外，路德维希有两个弟弟：理查德（Richard）和卡尔（Karl），卡尔在1893年夭折，理查德后来成为著名的数学家、概率论专家和哈佛大学教授。在1887年前后，米塞斯一家迁居维也纳。数百年来，维也纳一直是哈布斯堡王朝（Habsburg Dynasty）的政治中心，这座城市的文化氛围浓厚，社交生活广阔，就连普通民众也广泛涉猎科学、美学和艺术。❷ 米塞斯在这样的城市和文化中不断成长，并于1892年9月升入学术中学。❸ 中学期间，米塞斯广泛阅读了大量拉丁文和希腊文方面的著作，并把维吉尔❹的一句诗作为他一生的座右铭：不要向邪恶低头，鼓起更大的勇气，继续与之对抗。在八年的学习中，米塞斯最感兴趣的是政治史和政治行动，后来他才开始钻研法律、经济学、认识论和政治哲学。事实上，米塞斯只是把经济学当成一种解决各种时代问题的工具，比如：在16—17世纪，导致西方文明分裂为不同阵营的是宗教问题；在18—19世

---

❶ 1918年11月，废除君主制后，新的共和政府废除了一切贵族头衔。

❷ 哈布斯堡是欧洲历史上统治领域最广的王室，11—20世纪曾统治神圣罗马帝国、西班牙帝国、奥地利帝国、奥匈帝国等。

❸ 当时的中学是非常特殊的机构，与现在的中学性质不同，可视为"中学和大学的混合体"。

❹ 维吉尔（Publius Vergilius Maro），公元前70—前19，奥古斯都时代的古罗马诗人。

纪的大部分时间里，宪法冲突是政坛冲突的主要矛盾；等等。

1900 年 7 月，米塞斯通过了学术中学的毕业考试，并于同年秋季进入维也纳大学的法律与政府科学系学习。维也纳大学在当时是世界上最好的高等学府之一，它是鲁道夫四世（Rudolf Ⅳ）❶ 在 1365 年建立的，一直保留着中世纪大学的三个典型特征：政治与法律上的自治；仅设四个系（法律、医学、人文和神学）；由天主教会管理。在大学期间，米塞斯参加了卡尔·格律恩堡（Carl Grünberg）❷ 的研讨班，并在他的指导下完成了第一部学术著作《加里西亚地主与农民关系的演变：1772—1848 年》（1902年），该著作具有明显的历史主义特征，这与米塞斯后期认识论的先验主义主张形成了鲜明对比。1902 年 10 月，米塞斯成了一名志愿兵，隶属帝国与皇家第六炮兵团，直至 1903 年 10 月回到维也纳大学。20 世纪初，否认普遍规律存在性的历史主义处于全盛时期，人们把归纳的历史方法视为研究人类行为的唯一科学方法。此时的米塞斯是一个彻底的国家主义者，认为一个好的政府是经济与社会开明管理的第一推动力，能解决各类社会问题，这是他的初始世界观。1903 年 10 月 26 日，米塞斯参加了弗里德里希·冯·维塞尔（Friedrich von Wieser）❸ 的就职演讲，初步了解了卡尔·门格尔（Carl Menger）❹ 的货币理论。随后，米塞斯深入阅读了门格尔的《国民经济学原理》，并彻底改变了对社会问题分析的看法，他开始对政府行为的益处产生怀疑。此时，米塞斯的信念开始由国家主义向自由主义转变。1905 年夏，欧根·冯·庞巴维克（Eugen von Böhm-Bawerk）❺ 在维也纳大学开设了一个研讨班。米塞斯在 1906 年毕业后仍旧参加该研讨班，他在庞巴维克的指导下，更加系统地研究经济理论文献，积累经济学知识，

---

❶ 鲁道夫四世，1339—1365，哈布斯堡家族成员，奥地利公爵。
❷ 卡尔·格律恩堡，1861—1940，德国经济历史学家，倡导国家主义。
❸ 弗里德里希·冯·维塞尔，1851—1926，奥地利经济学家、社会学家，奥地利学派的第二代代表人物，代表作为《社会经济学》。
❹ 卡尔·门格尔，1840—1921，奥地利学派奠基人，代表作为《国民经济学原理》《社会科学方法论探究》。
❺ 欧根·冯·庞巴维克，1851—1914，奥地利经济学家，奥地利学派第二代代表人物，代表作为《资本与利息》。

最终建立了自己的货币理论体系，出版了著作《货币与信用理论》。在这部著作中，米塞斯完善了门格尔货币理论中的缺陷，通过将边际价值理论应用到货币本身，把奥地利学派的价值和价格理论扩展成一个完整的体系，这本书奠定了米塞斯作为重要理论经济学家的地位，获得了马克斯·韦伯（Max Weber）[1]、约瑟夫·熊彼特（Joseph Schumpeter）[2]和庞巴维克的一致好评。

1906年2月，米塞斯完成了研究生学业，随后开启了他的职业生涯，虽然这一过程非常艰难：1906年3月，米塞斯开始在奥地利财政机构的维也纳总部兼职实习，同年秋季，他由于对官僚体制的不满而提出辞职；1906年10月—1908年9月，米塞斯在民事法庭、贸易法庭、刑事法庭、行政法庭和维也纳城市地区法庭实习（其间，米塞斯曾在女子贸易学院为高年级学生讲授经济学课程）；1908年秋，米塞斯加入了一家律师事务所，同年又加入了住房改革中心；1909年4月，米塞斯受人推荐，以经济顾问的身份加入"奥地利商会"[3]，他在该职位工作了25年，直到1934年3月离开维也纳去日内瓦。

1913年春，米塞斯凭借《货币与信用原理》成为维也纳大学的编外讲师（不领薪）。1914年8月，米塞斯以奥匈帝国陆军中尉的身份加入了第一次世界大战的战场。战争期间，米塞斯经历了生死存亡，获得了八枚各式勋章，他用行动证明了自己对国家的热爱，他坦率、不畏权贵的品格为自己的一生定下了基调。战争给米塞斯带来了巨大影响，他开始思考战争的起因和后果，而不再仅关注货币理论等经济问题，将研究的重点转向了政治领域。1919年，米塞斯出版了研究政治问题的著作《民族、国家与经济》，他运用基于理性的功效主义方法分析了三种形式的德国帝国主义。第一次世界大战结束后，奥地利作为战败国，政府承受着巨大的政治和经

---

[1] 马克斯·韦伯，1864—1920，德国社会学家、历史学家、政治学家、经济学家和哲学家，代表作为《新教伦理与资本主义精神》。

[2] 约瑟夫·熊彼特，1883—1950，美籍奥地利政治经济学家，代表作为《经济发展论》《资本主义、社会主义与民主》《经济分析史》。

[3] 一个半官方组织，主要关注国家商业和产业方面的政策。

济压力：社会主义意识形态迅速崛起，逐渐成为不可忽视的政治力量，货币扩张急剧膨胀，金融体系濒临崩溃。米塞斯公开宣扬自己的经济理论，为混乱的奥地利带来了一丝理性和光明。1922年，米塞斯出版了一部全面论述社会主义的著作《社会主义：经济与社会学分析》，该书获得了巨大的成功，得到了德国社会科学界两位巨匠——马克斯·韦伯和海因里希·赫克纳（Heinrich Herkner）❶ 的肯定和支持。米塞斯战后的自由市场主张招致了诸多反对，为他赢得了"固执""不妥协"的名声，正如米塞斯所说："在科学活动与政治活动之间，我有明确的界线。在科学中，妥协是对科学的背叛。在政治中，妥协是不可能避免的……"❷

在20世纪20年代初，米塞斯积极参与了政治与政策活动：1922年6月，加入奥地利官方的理赔局，并与弗里德里希·奥古斯特·冯·哈耶克（Friedrich August von Hayek）❸，两人成为长期的思想盟友和朋友；1922年，成功促进商会反对外汇管制，并发表多篇文章反对通货膨胀；积极举办自己的私人讨论班，吸引了维也纳一群出色的年轻知识分子，如哈耶克、戈特弗里德·冯·哈伯勒（Gottfried von Haberler）❹、弗里茨·马克卢普（Fritz Machlup）❺；在与奥地利各方斗争的过程中，逐渐确立了自己的金本位制的货币主张，米塞斯强调，金本位制的优势并不在于任何类型的价值稳定，而在于它相对政治程序的独立性。❻ 此外，在1925年末，米塞斯第一次与玛吉特·丝瑞尼-赫兹菲尔德（Margit Sereny-Herzfeld）相遇，

---

❶ 德国经济学家。

❷ 柯兹纳. 米塞斯评传：其人及其经济学［M］. 朱海就，译. 上海：上海译文出版社，2010：8.

❸ 弗里德里希·奥古斯特·冯·哈耶克，1899—1992，奥地利裔英国经济学家和政治哲学家，1974年获诺贝尔经济学奖，代表作为《个人主义与经济秩序》《通往奴役之路》。

❹ 哈伯勒，1900—1995，奥地利裔美国经济学家，精于国际贸易研究，代表作为《国际贸易理论》。

❺ 马克卢普，1902—1983，奥地利裔美国经济学家，研究领域为信息与知识，代表作为《美国的知识生产与分配》。

❻ 许尔斯曼. 米塞斯大传［M］. 黄华侨，等译. 上海：上海社会科学院出版社，2016：335-336.

玛吉特是一位来自德国中产阶级家庭的成功女演员，也是两个年幼孩子的母亲。米塞斯用了整整13年的时间才与玛吉特走进婚姻的殿堂，原因在于他为自己设定的使命和任务让他面临十分困难的抉择：一方面是工作上承担的责任以及思想信仰所负有的使命，另一方面是他的感情与爱。❶

经济科学最早出现于18世纪的法国，从那时起它就一直关注政策制定的实践问题，即经济学具有明确的政治含义。米塞斯自20世纪20年代以来一直在研究相关问题，他的贡献在于提出了评价经济制度和经济政策的功效主义理论。米塞斯反驳了各种形式的干预主义，他指出了干预主义的本质特征：侵犯公民财产权利，产生共同所有权。❷ 米塞斯意识到了经济学的新古典主义运动带来的危险，后者把完全竞争模型作为市场经济的理想代表，把整个理论体系建立在众多的前提假设上，脱离了经济科学处理现实人类生活的最初使命。新古典学派鼓吹政府干预，试图通过各种干预将现实世界塑造成那个不可能的理想模型。经济学的发展方向逐渐偏离了正确的路线，特别是第二次世界大战后数理经济学、计量经济学、凯恩斯经济学和博弈论的发展，标志着这一学科丧失了它的政治含义。基于虚构假设的纯粹"理论"从政策合宜分析转向了纯粹的技术分析，没有科学的公共政策含义，也就无法威胁各种利益集团。经济学变成了技术科学，一些经济学家变成了数学家、统计学家，人的因素被排除在研究对象之外。1929年，米塞斯将干预主义的相关研究结集成册，出版了《自由与繁荣的国度》，在本书中，米塞斯比较了资本主义、社会主义与干预主义的特征。但这部著作并未产生米塞斯预想的结果。

1929—1932年是米塞斯学术影响的巅峰时期：米塞斯成了社会政策协会的委员；几乎所有重要的经济学教科书都讨论了他的著作；越来越多的年轻经济学家开始在研究中探讨米塞斯提出的课题。在此期间，米塞斯重新思考了价值理论，对门格尔和庞巴维克的理论进行了提炼，消除了价值

---

❶ 柯兹纳. 米塞斯评传：其人及其经济学 [M]. 朱海就，译. 上海：上海译文出版社，2010：10-11.

❷ 政府宣称对财产拥有一定程度的控制权，但又把其他权利留在所有者手中。

概念中的心理学成分,指出价值是一种行为选择,与选择背后的动机无关,它独立于所有的心理学或伦理学因素。1928年2月,米塞斯发表了相关文章《关于主观价值理论基本问题的评论》。此外,米塞斯也特别关注社会科学领域中的认识论问题,他认为这是解释社会科学如何与现实相关的元理论(meta-theory)。米塞斯在反驳马克斯·韦伯"理性类型"概念的基础上❶,提出了自己的认识论观点:行为学概念是个别事例特征的一般化;人的行为来自有意识地决断的动作;人的行为难以模型化。❷ 1929年10月,源于美国的大萧条给整个世界经济带来了冲击,奥地利经济也深受影响:公共支出增加、生产成本上升,企业融资困难。面对种种经济社会问题,米塞斯给出了自己的解释:商业周期与干预主义的双重作用,即由于政府干预,暂时的周期性危机演变成了长期的大萧条。所以,应对这些问题的关键在于减少政府干预,交由市场过程自发选择。20世纪30年代的欧洲大陆,干预主义盛行。米塞斯的观点过于激进,并未得到相关部门的重视和采纳。

1929年,莱昂内尔·罗宾斯(Lionel Robbins)❸成为伦敦经济学院经济系的主任。米塞斯通过自己的著作对罗宾斯产生了巨大的影响,也与他建立起了比较密切的私人联系。1931年1月,哈耶克到访伦敦经济学院,举办了多次讲座,宣传了奥地利学派及米塞斯的相关理论,但由于哈耶克本身支持洛桑学派的技术分析和一般均衡理论,再加上米塞斯的行为学理论体系并未建立,所以奥地利学派及米塞斯丧失了一次在英国兴起的大好机会。1933年4月,米塞斯出版了《经济学的认识论问题》。在本书中,米塞斯强调理论与经验的差异,认为经济法则是先验为真的,与逻辑和数学的法则地位相当,这点至今仍是他最具争议的信条之一。至此,米塞斯的先验之一认识论得以确立。

---

❶ 理想类型:这是通过一个或几个方面的单方面强化,把多重分散且不连续的个别现象整合为一个内在统一的概念上的陈述而得出的,这些现象在有的地方多一些,在有的地方少一些,偶尔也会根本没有,但它们同这些单方面强化的方面是一致的。
❷ 许尔斯曼.米塞斯大传[M].黄华侨,等译.上海:上海社会科学院出版社,2016:393.
❸ 罗宾斯,1898—1984,英国著名经济学家,代表作为《经济科学的性质与意义》。

希特勒在德国上台后，对奥地利的独立构成了致命威胁，米塞斯作为古典自由主义的捍卫者，其潜在的安全风险可想而知。1934年3月，位于瑞士日内瓦的"国际研究学院"（Graduate Institute of International Studies）向米塞斯发出聘书时，他立即接受邀请并于1934年10月前往日内瓦，这意味着全新的一页即将开启。米塞斯在日内瓦所处的是一个面向国际知名经济学家的为期一年的访问学者岗位，但他在这个位置上待了六年。高额的薪水加上极少的工作约束使米塞斯可以全身心地投入科学问题的研究中：《货币与信用理论》英文版，与哈耶克关于货币均衡、货币中性和社会主义经济计算的争论，对新自由主义观点的批判，等等。米塞斯在日内瓦获得了平静和满足，度过了一生中最美好的时光。1938年7月，米塞斯与玛吉特在日内瓦结婚，而婚姻对米塞斯的性格产生了深远且积极的影响：他变得不再守旧、狂躁、易怒。❶ 1940年5月，米塞斯出版了他一生中最为重要的著作《国民经济学》，虽然该书不及英文版《人的行动》❷得到的关注和赞誉多，但它最早呈现了米塞斯的整个思想体系，这一体系是米塞斯在30多年深入研究的基础上发展起来的。该书以认识论和价值论为核心问题呈现整个经济科学体系，共有六篇：第一篇讨论了人的行为的基本特征、先决条件、先验范畴与认识论问题；第二篇探讨了人类社会中个人之间的分工合作与对抗；第三篇介绍了主观价值与经济计算；第四篇详细论述了市场经济，篇幅超过400页，此篇篇幅占全书一半以上，内容包括交换、市场、价格、利息、工资等经济学基本问题；第五篇指出了社会主义经济计算的问题；第六篇呈现了干预主义的各种具体形式，并对其危害进行了论证。由于战争的原因，《国民经济学》并未引起学术界的注意和认同，但其向读者展现了日趋完善的米塞斯主义逻辑体系，开创了一种与主流新古典经济学完全不同的分析范式，为《人的行动》在美国的

---

❶ 许尔斯曼. 米塞斯大传［M］. 黄华侨，等译，上海：上海社会科学院出版社，2016：477.
❷ 国内有两种版本：上海社会科学院出版社的"人的行为"和上海人民出版社的"人的行动"，而"行动"与"行为"的区别为："行为"是个人客观表现出来的活动，既包括有意识的行为，也包括无意识的、适应性反应的行为；"行动"则仅指"行为"中有意识的那一部分。由于在现实生活中很难对人的"行为"和"行动"进行分辨，所以这种区分没有实际意义。

轰动发行和20世纪八九十年代奥地利学派思想在美国的复兴奠定了坚实的基础。

米塞斯在日内瓦幸福而平静的生活被第二次世界大战打破了。德国军队占领了欧洲大陆，瑞士虽然是中立国，但无法再给他提供安全保障，这归因于米塞斯的古典自由主义主张。1940年6月法国沦陷，米塞斯和玛吉特被迫踏上艰难的美国之旅。直至1940年8月，米塞斯才成功抵达美国纽约，过程中的危险和艰难不言而喻。然而，年近花甲的米塞斯在美国的工作和生活像他的旅途一样并非一帆风顺。米塞斯到达美国的首要任务是找到一份教职，但在朋友和学生的尽力帮助下还是未能成功，他面临着学术与资金等方面的种种困境。1940年12月，洛克菲勒基金会通过美国国家经济研究局（NBER）支付给米塞斯一笔薪酬，这在一定程度上缓解了米塞斯的困境，这种资助关系一直持续到1945年。米塞斯虽然在哥伦比亚大学、哈佛大学、普林斯顿大学和各种机构演讲，但始终未能获得一所大学的正式邀请。1914年，米塞斯在好友亨利·黑兹利特（Henry Hazlitt）❶的帮助下开始在《纽约时报》发表社论，这是他的第一份工作。直到1945年，他才在纽约大学工商管理研究生院获得"访问教授"的资格，开设经济学研讨班，薪水由私人基金支付，这一工作持续了20多年。显然，米塞斯及其思想并不受美国学术界的欢迎，除了年龄因素，主要原因是他不合乎潮流的经济学方法论立场，美国当时是实证主义❷的天下。由于个人的乐观、坚定和知识上的勇气，米塞斯并没有陷入痛苦和贫困的萎靡状态，他开启了新的职业生涯，用英语出版了相当多的学术著作和论文，与许多

---

❶ 亨利·黑兹利特，1894—1993，美国自由意志主义哲学家、经济学家，曾担任《华尔街日报》《纽约时报》等报刊的记者，代表作为《一课经济学》。

❷ 实证主义，又称实证哲学，是强调感觉经验、排斥形而上学传统的西方哲学派别，由法国哲学家、社会学始祖奥古斯特·孔德（Auguste Comte, 1798—1857）等提出。

忠实的美国支持者❶建立了深厚的友谊，还培养了众多美国学术门徒❷。多年后，这些人将他的思想传播给了奥地利学派经济学的后辈。1949年9月，耶鲁大学出版社出版了米塞斯的《人的行动：关于经济学的论文》❸，该书是米塞斯一生智慧的结晶。米塞斯关于认识论、交换学（经济学）、市场过程、货币与商业周期理论，以及比较经济体制的原创性思想均在本书中系统地展现了出来。本书获得了前所未有的成功，树立了米塞斯在战后经济学界和美国社会思想界的地位。米塞斯的地位和影响有了质的飞跃，许多支持者请他开办讲座和研讨会，数不清的商界精英来征求他的意见和看法。米塞斯还出版了其他著作：《官僚主义》（1944年）、《全能政府》（1944年）、《反资本主义心态》（1956年），但这些著作并未引起太大的反响。米塞斯一生中最后两本重要的著作是《理论与历史：对社会与经济演变的解释》（1957年）和《经济学的终极基础：论方法问题》（1962年），这两本著作主要是对认识论问题进行探讨，全面呈现了米塞斯30多年来关于该问题的思考；前者是基于个人行为的经济分析，为人类社会的起源提供了一种解释；后者则是对实证主义的一种全面反驳。

20世纪60年代的米塞斯迎来了诸多荣誉：1962年10月获奥地利共和国服务荣誉勋章；1963年6月获纽约大学荣誉博士学位；1964年获弗莱堡大学政治学荣誉博士学位；1969年3月当选为美国经济学杰出学者。1969年5月29日，米塞斯在纽约大学做了最后一场报告。1973年10月10日，路德维希·冯·米塞斯去世。随后，多家媒体发布这一消息并对米塞斯的一生作出简短评价，如美国的《华尔街日报》《国际先驱论坛报》《芝加

---

❶ 其美国支持者包括：劳伦斯·W. 菲尔蒂希（Lawrence W. Fertig, 1898—1986），美国广告主管、记者和经济评论员，纽约大学理事；伦纳德·里德（Leonard Read, 1898—1983），经济学教育基金会创始人，代表作为《铅笔的故事》；亨利·黑兹利特。

❷ 其学术门徒包括：穆瑞·罗斯巴德（Murray Rothbard, 1926—1995），美国经济学家、历史学家、自然法理论家、奥派知名学者，代表作为《人、经济与国家》《权力与市场》；汉斯·F. 森霍尔茨（Hans F. Sennholz, 1922—2007），米塞斯在美国的第一个博士生，格罗夫市立学院经济学教授，经济学教育基金会主席；伊斯雷尔·柯兹纳（Israel Kirzner, 1930年至今），当代奥地利学派掌门人，纽约大学经济学教授，代表作为《竞争与企业家精神》《市场过程的含义》。

❸ 本书与《国民经济学》内容相似。

哥论坛报》和英国的《每日电讯报》等；多名学者发文表示悼念，如弗里茨·马克卢普、亨利·黑兹利特、伊斯雷尔·柯兹纳、伦纳德·里德、穆瑞·罗斯巴德等。这里借用约尔格·吉多·许尔斯曼❶的话总结米塞斯的学术贡献："路德维希·冯·米塞斯是'最后的自由骑士'……他开创了货币理论与价值理论的统一（宏观经济学和微观经济学）、经济计算理论，以及关于经济科学的先验基础的研究。不仅如此，他还是一位杰出的体系思想家。他创立了经济理论的综合体系，还强调了经济学在各门学科中的地位，以及它对人类文明的意义……经济学不只是以私有产权为核心的全面政治方案的基础，还是那种和平、合作与宽容享有至高无上地位的整个世界观的基石。"❷ 玛吉特借用米塞斯形容本杰明·安德森（Benjamin Anderson）的一段话总结了她丈夫的人格特征："他最显著的特征是不可改变的诚实，毫不迟疑的真诚……他的绝不屈服。他永远义无反顾地对他认为是正确的东西提出自己的看法。假如他略微'克制'下自己，假如对那些流行却是可憎的政策所进行的抨击没有那么激烈，那么他就会获得最有权势的官职。但是，他没有妥协。这种坚定不移使他成为那个时代最与众不同的人物之一。"❸

---

❶ 约尔格·吉多·许尔斯曼，1966年至今，法国昂热大学经济学教授，奥地利学派第七代代表人物，研究领域包括经济学史、金融市场、货币理论，代表作为《货币生产的伦理》《米塞斯大传》。

❷ 许尔斯曼. 米塞斯大传 [M]. 黄华侨，等译. 上海：上海社会科学院出版社，2016：702.

❸ 柯兹纳. 米塞斯评传 [M]. 朱海就，译. 上海：上海译文出版社，2010：28.

CHAPTER 1 ▶ 第1章

经济学的哲学基础：
认识论与方法论

第 1 章 经济学的哲学基础：认识论与方法论

认识论和方法论是经济学的基础，在米塞斯的整个理论体系中居于非常重要的地位。虽然米塞斯在这方面的主张具有争议，追随者更是稀少，但他一直坚信自己在这一领域的研究对于经济学的发展具有关键的意义。同时，他在这一领域也倾注了极大的精力和热情：1933 年出版了论文集《经济学的认识论问题》；1939 年出版的论文集《货币、方法与市场过程》中收录了三篇方法论相关论文；1949 年出版的《人的行动：关于经济学的论文》中第一部分集中讨论了米塞斯体系的认识论基础（约占全书篇幅的 1/6）；1957 年出版了认识论专著《理论与历史：对社会与经济演变的解释》；1962 年出版了极其重要的认识论专著《经济科学的终极基础：论方法问题》。由此可见，从米塞斯关注认识论和方法论问题到形成成熟的相关理论体系，经历了近 30 年的时间。那么，米塞斯为什么会如此关注这一边缘化的领域？他为什么会提出如此奇特的认识论主张？在笔者看来，是因为他相信错误的经济学认识论和方法论会导致学科发展方向迷失、国家政治体制异化，甚至人类文明危机。所以，本书的研究也从这一领域开始探讨米塞斯整个理论体系的哲学基础。

1.1 认识论

认识论一般指知识论，是探讨人类认识的本质、结构，认识与客观实在的关系，认识的前提和基础，认识发生、发展的过程及其规律，认识的真理标准等问题的哲学学说。在社会科学领域，认识论实际上是对一个关键问题的回答，即是否存在一门理论社会科学，又或者其仅仅是经济学家的一种吹嘘或修辞？米塞斯在其著作中多次指出，理论对于解释通过观察获得的资料是必不可少的，即理论在前、经验在后。他发现认识论是社会科学中最落后的领域，是解释社会科学与现实相关的元理论。米塞斯认为："它（认识论）所探讨的，是出现于悠长的宇宙形成期而生活于宇宙史这个时期的人性的这一方面。它不研讨一般的思想、感觉与了解，而研讨人的思想、感觉与了解。"❶ 所以，认识论应该以"现阶段"和"真实的人"为研究对象，不应该把"人"尚不存在的过去和"人"将会灭绝的未来作为研究对象；不应该把想象中的与"真实的人"本质上不同的人和尼采的"超人"作为研究对象。正如米塞斯所说："……这种想象是毫无益处。尼采的'超人'❷概念在认识论中没有任何意义。"❸ 所以，米塞斯的观点与主流的新古典经济学完全不同，后者的理论体系完全建立在脱离实际的"经济人"或"理性人"假设之上。从"真实的人"与"假设的经济人"可以看出，米塞斯经济学与新古典经济学从认识论上就表现出极大的差异，这种起点上的差异随着经济学的发展被放大为两者理论体系上的诸多不同，如过程与均衡概念、逻辑推理与实证分析等。米塞斯从"真实的人"出发来拓展自己的认识论体系，随后他对"真实的人"的性质进行了界定。"理性和心智，作为人类生存竞争中最为有效的装备，同样卷入动物学事件之川流不息的演化洪流。"❹ 他认为虽然人性具有演化的本质特征，即人性既不是从万物刚一开始就存在的，今后也不是永存的，

---

❶ 米塞斯. 经济学的最后基础 [M]. 夏道平，译. 台北：远流出版社，1991：25.
❷ 尼采所宣称的"超人"是他在宣称"上帝已死，要对一切传统道德文化进行重估"的基础上，用新的世界观、人生观构建新的价值体系的人。"超人"具有不同于传统的和流行的道德的一种全新道德，是最能体现生命意志的人，是最具旺盛创造力的人，是生活中的强者。
❸ 米塞斯. 经济学的最后基础 [M]. 夏道平，译. 台北：远流出版社，1991：27-28.
❹ 米塞斯. 人的行动：关于经济学的论文 [M]. 余晖，译. 上海：上海人民出版社，2013：42.

我们必须假设人性❶中有些东西是永恒的，即人类心智的逻辑结构❷、行动学结构和人的感官能力，这就是米塞斯认识论的先验假设前提。由此可见，米塞斯的理论体系并非没有假设前提，他只是看到了人性的复杂性，把其中的某些一般特征视为"永恒"，但他并没有摒弃外部世界对人的行动的干扰。米塞斯曾言："我们对于外在世界，可以界说为：决定人的行为行得通或行不通、成功或失败的那些事物的全部。"❸ 特殊的假设前提决定了米塞斯的认识论所处理的对象不仅包括人类心智的逻辑结构，还包括人类心智的行动学结构，是既思想又行动的人，人类心智的逻辑结构是与人生理学意义上的演变（从一个单细胞变成一个高度复杂的哺乳动物）相伴而生的精神上的演变（从纯粹植物或动物的存在变成一个有理性能力的心智的存在）。它使人具有认知、思考能力，使人与动物相区别。它是演化的产物，先于任何经验而存在，具有先验特性。无论是原始人，还是现代人，只要被界定为"人"，那么他的心智就具有逻辑结构，原始人与现代人的心智区别不体现在逻辑上，而体现在内容上。"正如我们一样，原始人的心智迫切寻求的也是事物的理由，但他们探寻的方向却与我们不同。"❹ 人类心智的行动学结构同样具有先验特性，原因在于人不是一种被动适应环境的动物，而是一个主动改造环境的行动人，这也是人与动物的第二点区别：人会有意识地行动。因此，抽象的行动范畴必然先于任何具体的行动而存在。至于这两种结构之间的关系，米塞斯认为："一方面是先验思维和推理，另一方面是人的行为，两者都是人的心智的表现形式。

---

❶ 此处的人性可理解为人的心智，即指人们对已知事物的沉淀和储存，通过生物反应而实现动因的一种能力总和。它涵盖了"哲学"对已知事物的积累和储存，结合了"生物学"的大脑信息处理，即"生物反应"，运用了为实现某种欲需（动因）而进行的"心理"活动，从而达到为实现动因结果而必须产生的智能力和"潜能"力。一个人的"心智"指的是其各种思维能力的总和，用以感受、观察、理解、判断、选择、记忆、想象、推理，而后指导其行为。

❷ 逻辑结构：米塞斯认为人类心智的逻辑结构使人接受决定论和因果范畴，即一切事实皆取决于它们的原因，并为原因所限制。事物不可能偏离其必然的发展路径。永恒的法则支配一切。

❸ 米塞斯. 经济学的最后基础 [M]. 夏道平，译. 台北：远流出版社，1991：30.

❹ 米塞斯. 人的行动：关于经济学的论文 [M]. 余晖，译. 上海：上海人民出版社，2013：46.

人的心智的逻辑结构创造了行为的实在。推理和行为是同源同质的，也即同一现象的两个方面。"❶ 此处的"行动"特指抽象的或一般化的行动，而非具体的或个人的行动。抽象的思维组成逻辑结构，抽象的行动组成行动学结构；先验的逻辑结构决定了行动学结构的先验性（注意：这里的先验性是行动学的先验性，即抽象的、一般化的行动才具有纯粹先验性，具体行动并不具有纯粹先验性）。然而，行动学的先验确定性并不能保证具体行动的结果确定性，因为在真实的社会生活中，人的具体行动不仅受到先验行动学的指导，还受到外部世界的干扰。行动学研究从具体行动中抽象化出来的一般行动，是在现实中观察不到的行动。行动学的先验知识只是在人类世界获得成功所需众多信息中的一种。未来的选择无法提前决定，人类事务具有一种普遍的不确定性，这是行动学的先验确定性无法改变或削弱的。正如米塞斯所言："人总是受到超出自己控制的力量和权力的支配。他的行动是为了尽可能避免那些在他看来会伤害到自己的事物，但最多只能在一个较小限度内做到这点。他永远无法预知自己的行为可以在多大程度上达到他所追求的目标，而且，即使达到目标，事后也无法确定（对他自己或别人都是如此）当时的行动是不是所能采取的最好选择。"❷ 但是，行动学的这一特性并不能否定自己的价值，因为它是关于"真实的人"的真实力量，是人们降低不确定性、接近成功的有效工具。

　　人有心智是人与非人哺乳动物的典型区别，主要体现在两个方面：一是人具有逻辑思维能力，即人类心智中的逻辑结构；二是人具有行动能力，即具有选择一个目的，再用手段来达成它的能力，也就是人类心智中的行动学结构。人之所以为人，这两种能力缺一不可：只有思维，没有行动，人便失去存在的意义；只有行动，没有思维，人便沦落为机械求生的动物。行动是逻辑思维与外在世界现实沟通的桥梁，所以认识论所处理的对象必须包括先验的逻辑结构与先验的行动学结构，只有如此才能真正

---

❶ 许尔斯曼. 米塞斯大传 [M]. 黄华侨, 等译. 上海：上海社会科学院出版社, 2016: 682.

❷ 许尔斯曼. 米塞斯大传 [M]. 黄华侨, 等译. 上海：上海社会科学院出版社, 2016: 683.

地、全面地认识"真实的人"。然而，传统的认识论者"把思想当作一个与人类活动其他表现形式相分离的独立领域。他们讨论逻辑和数学问题，却没有看到思想的实践方面，他们忽视先验的行动学领域"❶。这种认识论只看到了人类心智的逻辑结构，只进行抽象的思维推理，形成了以逻辑学和数学为代表的理论体系。到了18世纪，以实证主义为代表的现代认识论虽然意识到了社会科学的存在，但它否认行动学的先验性，抹杀了自然科学与社会科学之间的差异。在自然科学的研究中，可以通过观察自然现象和实验室控制实验来发现不可改变的因果关系链条，它们中的任何一条都可以单独用于证实和证伪现存的物理理论、化学理论等。❷ 但在社会科学领域观测到的各种数据或现象中并不存在这样一条普遍的因果关系链条，它们只是单独的事件，必须根据具体情况个别地进行解读。它们不能用来推导任何普遍规律或定律，也不能用来证实和证伪相关理论，如经济学理论。不同的认识论适用于不同的知识领域：逻辑实证论只适合用来分析自然科学领域的现象和问题，盲目地将这种范式扩张到其他知识领域，只会导致知识的僭妄。❸

1.2 方法论

米塞斯建立其行动学先验主义认识论体系的基础是二元主义方法论，而二元主义方法论来源于自然科学与社会科学的分野。米塞斯认为，科学是运用理性以求对现象进行系统的描述与解释，没有不基于理性的科学，所以自然科学是人运用理性对自然现象的分析，而社会科学是人运用理性

---

❶ 米塞斯. 经济学的最后基础 [M]. 夏道平，译. 台北：远流出版社，1991：25-26.
❷ 证伪：简单来说，就是个别的经验事实都能证伪普遍命题。这是英国哲学家卡尔·波普尔在其著作《猜想与反驳》中提出的划分科学与非科学的原则。非科学的本质不在于它的正确与否，而在于它的不可证伪性。一种理论所提供的经验内容越丰富、越精确、越普遍，它的可证伪性就越高，科学性就越强。但科学同非科学一样，都既包含着真理，又包含着谬误。
❸ 僭妄：简单来说，就是超越本分。奥地利学派第四代代表人物哈耶克在1973年获诺贝尔经济学奖时曾发表演讲《知识的僭妄》。

对社会现象的分析。他指出,现代社会科学肇始于 18 世纪,而在此之前没有所谓的社会科学,研究社会现象或人的行动的只有历史学。虽然历史学是对人的行动的记录,但历史学家在开展自己的研究时,总会强调某些规律性,在他们的著作中也会充满种种暗示,假定这些规律与"暗示"适用于人的任何行动,不论行动的时间、地点以及行动的个人特质与思想如何。❶ 但他们并没有对这一问题展开进一步的研究,比如:这些规律来源于外部世界对人的行动的约束,还是行动人本身所固有的?也就是说,当时的历史学家忽略了这门学科的认识论研究。所以人们对社会问题和现象存在一种普遍的无知和自大,盲目地认为社会面貌的改变仅仅受到自然规律和意志强烈程度的制约,对于人的行动只能从道德判断角度进行考察。"有了好人和强大的政府,将无所不能。"❷ 这种认知状态到 18 世纪发生了根本性转变,古典经济学家为这一转变作出了重大贡献,即经济规律的思想。政治经济学的奠基者们在市场运作中发现了市场现象的次序与互相依赖中存在着规律性,这一洞见开辟了科学研究的全新领域。人们发现,人类行动还可以从道德以外的视角来开展研究。人们对社会生活中的各种现象与问题有了一种全新的认识,这极大地重塑了人类的知识结构,具有十分重要的价值和意义。"经济学的发展……从康替龙和休谟到边沁和李嘉图的经济学和理性主义社会学的发展对人的思想的改变比此前和此后任何一种其他科学理论都大。"❸

现在的人们逐渐意识到,"在社会范围内还有一些因素在发生作用,对这种东西,权力与势力无法改变,如果它们希望获得成功,它们就必须根据这种东西来调整自己,并且正是以它们必须考虑自然规律的那同一种方式"❹。这种认识上的转变具有重要的理论和实践意义:人类的整个知识

---

❶ 米塞斯. 货币、方法与市场过程 [M]. 戴忠玉,刘亚平,译. 北京:新星出版社,2007:88-90.

❷ 柯兹纳. 米塞斯评传:其人及其经济学 [M]. 朱海就,译. 上海:上海译文出版社,2010:64.

❸ 米塞斯. 经济学的认识论问题 [M]. 梁小民,译. 北京:经济科学出版社,2001:3.

❹ 米塞斯. 经济学的认识论问题 [M]. 梁小民,译. 北京:经济科学出版社,2001:8.

领域被划分为自然科学和社会科学两个独立的范畴，而古典经济学家的发现构成了真正社会科学知识的开端和基础；自由主义的纲领和政策得以产生，并释放出人类改变世界的力量。自然科学和社会科学的分野就此产生，两者之间是"殊途同归"，还是存在一条不可跨越的"鸿沟"？这一问题需要我们认真思考并给出答案。

自然科学是研究大自然中有机或无机的事物和现象的科学，包括天文学、物理学、化学、地球科学、生物学等。它的主要任务在于揭示自然界中的现象及其发生过程的实质，进而把握这些现象和过程的规律，并预见新的现象和过程，为社会实践利用自然界的规律开辟各种可能途径。由自然科学的定义可以发现，这一领域的研究对象主要是各种自然现象及其之间的关系。而自然现象是过去的事件，是已经逝去的经验，未来发生的经验是不存在的。但自然科学的成功更应该归功于实验室的经验，而不是来自自然界的各种观察。在实验中，所有的变化要素都可以被分离出来单独进行观察与研究，以这种方式获得的事实是一种特殊的风险，是一种可控制条件下的经验。实验的经验通过归纳的方法使人能在许多领域找出具有规则性的规律，尽管这些规律在数量上只能接近准确与真实，但它们确实揭示了不同现象之间存在的普遍的因果关系链条。通过这种方法发现的规律和理论具有一种局限性：一旦一种理论与经验事实（自然界经验和实验经验）相矛盾，它就被否定了，即在波普尔意义上这类理论是可以被证伪的。此外，由于自然科学以自然现象或实验数据为研究对象，而不考察人的行动因素，所以自然科学对目的和最终原因一无所知，实验室的方法对此适用。简言之，自然科学的经验无目的，实验方法适用，可用来证实或证伪。

社会科学通常是指研究社会现象及其规律的科学，包括法学、经济学、政治学、社会学、历史等学科。由定义可发现，这一领域的研究对象主要是社会现象及其规律，而社会是相对自然而言的，是由不同的人以一定的关系组成的抽象组织结构。在米塞斯看来，社会科学的研究领域是人的行动，即人的行动科学。它包括严格意义上的历史学、语言学、人种学、人类学、经济史和描述性经济学、社会学（包括描述性社会学和一般性社会学)。❶ 米塞斯把这些学科统称为历史科学或广义的历史学,是关于人的行动的记录。此外,米塞斯认为社会科学还包括人的行动学,是关于人的行动的一般理论。也就是说,社会科学研究人的行动的一般理论和记录,涉及外在事物界和行动界。所以,关于人的行动的经验是因果关系和各种因素综合在一起作用的结构,是复杂现象的经验,这种经验具有人的行动的目的特征,而目的的选择受到思想和价值判断的指引。由于思想和价值判断不存在可识别的规则性,所以复杂现象经验之间不存在确定的因果关系链条。不可能只让一个变量变化而控制其他变量不变,即自然科学的控制实验在此并不适用。社会科学所研究的每个事实和经验都可以有无数种解释,复杂现象的经验与实验室的经验所起的作用完全不同,前者并不能帮助社会科学建立相关的理论,当然它也不能像实验室经验那样可以用来证实或证伪某一理论或观点。总之,社会科学的经验有目的,实验方法不适用,不可用来证实和证伪。

　　自然科学经验与社会科学经验的主要差异体现在有无目的、有无确定的因果关系、能否实验、能否用来证实或证伪,其中有无目的是这两种经验之间最为根本的区别。众多差异造成的两大科学领域之间的"鸿沟"能否跨越?对这一问题的回答产生了不同的方法论主张。以奥古斯特·孔德为代表的逻辑实证论或实证主义派别主张一元方法论,实证主义的一元方法论的基本教义是,自然科学的一些实验程序是寻求知识的唯一方法。为取代经济学和历史学抹杀其特殊性,实证主义假想出一种由实验方法所建立的社会科学,而其中的实验方法则是被运用于诸如牛顿力学这样的自然科学中的方法。这种假想主要体现在物理学对经济学的改造上:经济学必须是实验性的、精确可测量的、可以用事实来验证的。通过这种泛物理主义的方法,实证主义提出了统合科学的妄想,"统合的科学将会解决一切有关的问题,而一个属于社会工程的极乐时代,将会由此开始,在这个时

---

❶ 描述性社会学研究那些不在描述性经济学范围内的人的行动的历史现象。一般性社会学以一种比其他历史学分支更接近于普遍性的角度来研究历史经验。例如,马克斯·韦伯的城镇研究是关于城镇的完整历史,而不局限于某一时期、某一区域、某一民族、某一国家或文明的城镇。

代中，一切人事的处理，正同现代科技之供给电流那样地叫人满意"❶。正是通过这种强行的"统合"，实证主义无视社会科学的独特性，抹杀人和人的思想在社会发展中所起的作用，这不是自然科学，而是形而上学，其目的在于解释自然科学所不能探究的事情。

米塞斯从人的行动出发对实证主义的一元方法论提出了严密的反驳。他认为："理智与经验为我们展现了两个分离的领域：自然的与生理性的事件之外部世界，以及思想、感觉、有目的行动之内部世界。就我们目前看到的情形来说，这两个世界之间并无桥梁联接。"❷ 人的行动的产生、发展及结束与这两个世界均存在密切的联系，即人的目的能否实现不仅取决于外部世界的客观约束，而且取决于内部世界的主观理解。但我们还不知道外在的一些事实如何在人类心智中产生一定的思想和意志，而终于具体的行动。❸ 也就是说，人类知识的不完善导致人的行动具有一定程度的复杂性和不可知性。米塞斯强调，对人的行动的科学分析所能达到的极致就是区分人的行动的必然性和偶然性。必然性主要体现为经验之间确定的因果关系，即任何行动都会产生某些不变的结果，也就是这类行为不论何时何地发生都会产生的结果。例如，货币数量的增加可能导致价格水平高于本来将会达到的水平，无论货币供给的增加在何时何地发生。这方面的解释主要通过行动学的推理来完成。偶然性主要体现了经验之间不确定的因果关系，即相同的行动会因人、因地而产生不同的结果，这主要是由于人的观念和价值判断具有主观特性，不同的个体会对同一行动或事件产生非常不同的反应。换句话说，观念和价值判断与人的行动之间的因果链是偶然的，这方面的解释主要通过历史学的理解来完成。❹ 人的行动的这种双重特征，特别是其中的偶然性方面，导致我们无法对一些个人的具体行动

---

❶ 米塞斯. 经济学的最后基础 [M]. 夏道平，译. 台北：远流出版社，1991：152-153.

❷ 米塞斯. 货币、方法与市场过程 [M]. 戴忠玉，刘亚平，译. 北京：新星出版社，2007：28-29.

❸ 柯兹纳. 米塞斯评传：其人及其经济学 [M]. 朱海就，译. 上海：上海译文出版社，2010：66-69.

❹ 许尔斯曼. 米塞斯大传 [M]. 黄华侨，等译. 上海：上海社会科学院出版社，2016：638.

作出任何解释。米塞斯认为:"个人的特征,他们的观念和价值判断,以及这些观念和价值判断引导下的行为,无法追溯为某些事物的衍生物。"❶总之,就目前的人类知识来说,自然科学与社会科学无法结合为一个统一的科学知识体系,两者之间的"鸿沟"无法跨越,逻辑实证论统合的"妄想"无法实现。出于方法论的理由,自然科学与社会科学是相分离的。米塞斯把这个原则称为方法论的二元主义。

米塞斯在详细分析自然科学和社会科学关于经验和方法差异的基础上,进一步对社会科学进行了划分。他认为:科学研究将发展出"行动学"和"历史学"这两类学科。前者是描述无论何时何地人的行动的不变结果的学科;后者是根据行动主体的观点来描述价值判断、描述个体行动和其他相关因素如何在一个给定的客观环境中相互结合以产生一个结果。❷所以从这点来看,行动学揭示的是具体行动中所内含的确定性因果关系,即必然性;而历史学所揭示的是具体行动中所内含的不确定性因果关系,即偶然性。从认识论的角度来看,行动学是先验的、抽象的,它的所有定理都是出自行动范畴的推理产物。相反,历史学是后验的、具体的,是人的经验的总和。对于这两种性质截然不同的学科,米塞斯区分了两种不同的分析方法:构想与理解。所谓行动的构想,"就是通过演绎的分析来发现行动的首要原则中所蕴含的一切,并将它用于可以设想到的不同类型的情形中。这一研究就是人的行动的理论科学"❸。所谓行动的理解,"即理性已经穷尽其所能,我们只能尽力尝试,就如我们试图尽力解释理性不及的,且不可用穷举法或单列法来说明的事物一样……理解是一种逻辑工具,并且应当作为逻辑工具来运用"❹。

在米塞斯的理论体系中,经济学是行动学的一个分支,是目前行动学

---

❶ 许尔斯曼. 米塞斯大传 [M]. 黄华侨,等译. 上海:上海社会科学院出版社,2016:639.
❷ 许尔斯曼. 米塞斯大传 [M]. 黄华侨,等译. 上海:上海社会科学院出版社,2016:639.
❸ 米塞斯. 货币、方法与市场过程 [M]. 戴忠玉,刘亚平,译. 北京:新星出版社,2007:9.
❹ 许尔斯曼. 米塞斯大传 [M]. 黄华侨,等译. 上海:上海社会科学院出版社,2016:13.

中唯一精致的部分。❶ 所以，行动学的先验性决定了经济学的先验性，即经济学并非基于或源于经验，它是一个演绎的体系，始于对人的理性与行为的原则的洞见。行动学与经济学逻辑推理的出发点是人的行动的范畴或基本概念，即人总是有意地运用手段去实现所选择的目的，或者人总是为实现他的愿望而运用他的理性。从这一不可动摇的基础出发，行动学或经济学运用推理和构想的方法一步一步地向前推进。"通过精确定义某些假设和条件，它们构建起一个概念的体系，并由此逻辑地推导出所有隐含的结论。"❷ 对于这一过程或方法，米塞斯称其为"思辨性构建"，即经济学家"在并不存在的事物之上构建出一幅图景。构建所用的材料来源于对人的行动之情形的洞见。思辨性构建所描述的事物是否对应于现实，或者是否能够与现实相对应，并不影响该构建的工具效用"❸。由这种方法得出的结论是不能被证实或证伪的。那么，经济学是否就像逻辑学或数学一样，是一个脱离现实的、纯粹而完整的演绎体系？如果不是，该如何构建经济理论与现实之间的联系呢？对这一关键问题，米塞斯给出了自己的答案：虽然经济理论源于先验行动范畴，运用逻辑推理方法，理论本身不具有可证伪度，但这并不意味着这样的理论脱离了现实，更不代表这样的理论是完美的，只是它"进步"的方式与众不同。米塞斯认为，"我们需要做的是：我们必须细究在我们推理中所隐含的行动之特殊情形，是否与我们在所考察的现实中发现的情形相对应"❹。也就是说，只要理论中所涉及的假定在现实中是存在的，那么理论就可以被运用于现实。而否定经济学命题的方式只有一种，即表明命题中存在逻辑错误。所以，检验经济理论的不是具体的经验，而是抽象的逻辑。"对经济学家而言，这就意味着他必须把他所有理论回溯到它们毫无疑问的最后基础——人的行动之范畴，并且

---

❶ 行动学处理一般人类选择，即价值判断，而它的分支经济学则处理那些可以基于定量经济计算的价值判断。

❷ 米塞斯. 人的行动：关于经济学的论文 [M]. 上海：上海人民出版社, 2013：78.

❸ 米塞斯. 货币、方法与市场过程 [M]. 戴忠玉, 刘亚平, 译. 北京：新星出版社, 2007：11.

❹ 米塞斯. 货币、方法与市场过程 [M]. 戴忠玉, 刘亚平, 译. 北京：新星出版社, 2007：13.

对那些来源于这个基础而推导出定理的一切假设和推论进行最谨慎的考验。"❶ 简单来说，经济学的方法是逻辑演绎的，经济学的检验是逻辑回溯的。

对于经济学与历史学的关系或者历史学存在的意义，米塞斯做过明确的陈述："要在人的行动的世界中找到方向，我们就不能局限于仅仅构想人的行动的意义。行动着的人和仅仅进行观察的历史学家不仅要像经济学所做的那样来构想行动的范畴，还要理解人的选择的意义。"❷ 经济学是先验的需要构想的方法，而历史学是后验的需要理解的方法。历史是人的行动的记录。"它记录着人们在那些明确的观点激发下，做了某些明确的价值判断，选择了某些明确的目的，为达成其目的采取了某些明确的手段。历史还进一步处理人们行动的后果，即行动所引起的情况。"❸ 由此可见，"记录"是历史的本质特征，历史并非对过去的真实再现，而是借助诸多概念对过去的一切进行浓缩性的陈述。历史学家作为历史的记录者，并不能让历史事件自己说话，而是按他心智中已有的理念对这些事件进行解读，所以"理念"就构成了"浓缩性陈述"的根基。而"理念"作为人心中的范畴具有强烈的主观性，这就导致了历史学家并非记录所有发生过的事件，而是进行选择性的记录和陈述。正如米塞斯所言："历史事件的记述必须以史家的世界观为限，因而不可能不偏不倚，终将流于成见之果。历史不外是被歪曲的事实而已；它决不会是真正科学的。"❹ 但历史的这一特点并不代表历史学家可以随意书写人的行动记录，他们受到一些假定的约束，即他们必须利用他们所处时代的逻辑学、数学、人的行动学等先验科学和自然科学所取得的成就，因为先验的逻辑科学和自然科学可以

---

❶ 米塞斯. 人的行动：关于经济学的论文 [M]. 余晖, 译. 上海：上海人民出版社, 2013：79.

❷ 米塞斯. 货币、方法与市场过程 [M]. 戴忠玉, 刘亚平, 译. 北京：新星出版社, 2007：12.

❸ 米塞斯. 经济学的最后基础 [M]. 夏道平, 译. 台北：远流出版社, 1991：70.

❹ 米塞斯. 人的行动：关于经济学的论文 [M]. 余晖, 译. 上海：上海人民出版社, 2013：58.

达到的客观性程度是任何理论科学和历史科学所不能企及的。所以，即使人们能够对历史事件有不同的理解，历史可以从不同的角度来书写，但历史学家的"记录"不能违背先验的逻辑推理和已被证实的自然科学命题。综合来看，历史学家书写历史受到主观理念和客观假定两方面的限制。

历史事件的发生与发展是由无数个体行动相互作用决定的，而每个人的行动又取决于个人的价值判断，即个人追求的目的以及为实现目的而使用的手段。"手段的选择是行动者个人具有的全部技术性知识和结果。"❶ 在大多数情况下，这方面的问题可以通过先验逻辑科学或自然科学进行评价，但当涉及个人的目的时，便出现了无法解释的难题，因为目的是完全个人的、主观的、私密的，外界客体根本无法探究其背后的原因。此外，个人的行动还受制于当时的自然环境和社会环境。所以，从这点来看，个人行动以及历史事件具有一定的复杂性，甚至不可知性。因此，历史学家所面临的真正问题在于如何尽量真实地解释已经发生的历史事件，但他不能以所有其他学科提供的理论工具来解释所有问题。特别是当他到达事件的底层，即个人行动时，理性分析往往不会更有效。正是历史事件的主观性和独特性，决定了历史学家必须选择与演绎推理不同的方法来研究，米塞斯称之为"理解"。理解是领悟事物的能力或行为，是把对个别事物的认识归结到一般性关系的认识能力，是应用概念和范畴，从日常经验中发现意义的能力。❷ 所以米塞斯认为，理解是一种逻辑工具，并且应当将其作为逻辑工具来使用。"它不应被用于夹带历史著作充斥着的蒙昧主义、神秘主义等等的谬论。它不是无稽之谈的特许状。"❸ 在历史学的研究中，"理解"能够确认的事实只是："某人或某集团在从事某一特定行动时，是基于某种特定的价值判断和选择，并指向某些特定的目的，且运用某些由

---

❶ 米塞斯. 人的行动：关于经济学的论文 [M]. 余晖，译. 上海：上海人民出版社，2013：59.

❷ 米塞斯. 人的行动：关于经济学的论文 [M]. 余晖，译. 上海：上海人民出版社，2013：59.

❸ 米塞斯. 货币、方法与市场过程 [M]. 戴忠玉，刘亚平，译. 北京：新星出版社，2007：13.

特定技术的、健康学的和人的行动学的原理提示的特定手段来实现这些目的。它更进一步地极力预测由某一行动引发的后果及这些后果的强弱，以及极力对每一行动在其过程中的相关因素加以发掘整理。"❶ 这是历史学家运用理解工具来研究人的行动的过程。在这一过程中，历史学家可以发现共同促进某一已知结果的所有因素，也可以发现具有相反作用的所有因素。但他们不能对这种促进或阻碍关系进行计量式的精确分析，即不能确定相关系数的大小。他们只能借助理解把每一历史因素与结果的相关性加以排序，由于历史学家"理解"的主观性，所以他们作出的理解必然会渗入某种主观成分。历史的理解不能产生所有人都必然接受的结论，存在认知上的分歧：不同的历史学家可能一致赞同非历史科学的知识，但运用这些知识去理解历史事件之间的因果关系时，他们之间会产生相关性判断（judgements of relevance）的分歧。所以，历史理解的任务或价值不在于获得一致性的结论，而在于从精神上掌握不可完全用逻辑学、数学、行动学和自然科学阐明的现象。理智无法阐释的地方，需要用理解来弥补，即理解方法的运用是科学研究或人类知识存在极限的体现。

1.3 核心主张

在前面的内容中，本书分析了米塞斯的先验主义认识论理论，了解了米塞斯主张背后的假设与逻辑。本书也研究了米塞斯的二元主义方法论，了解了米塞斯认识论主张背后的方法论基础。由此，我们认识到了米塞斯的理论所具有的特点：真实性（以真实的人为研究对象）、先验性（以演化的心智为基础）、保守性（人类知识具有局限性）。但我们并不了解什么是行动学。因此，下一个关键问题是弄清楚米塞斯行动学具体是什么，以及如何从行动的基本概念出发演绎出整个理论体系。

---

❶ 米塞斯. 人的行动：关于经济学的论文 [M]. 余晖, 译. 上海：上海人民出版社, 2013：60.

1.3.1 行动公理

米塞斯作为奥地利学派第三代的代表人物，也是新奥地利学派的开创者，他继承了以门格尔、庞巴维克、维塞尔为代表的旧奥地利学派的相关传统；同时，他也在许多领域作出了开创性贡献，如经济计算、人的行动、商业周期等理论，其中人的行动学是米塞斯整个理论体系的基石。人的行动学是以"人的行动公理"为基础建立的逻辑演绎的科学，是一种抽象推理的展示，其性质与逻辑和数学是一样的。而"人的行动公理"被米塞斯视为一种不证自明的先验真理，是人的心智所具有的，无须由经验证实，也不能被经验证伪。因此，他认为由此公理出发，通过推理而建立的行动学理论及经济学分支同样具有先验性。那么，什么是"人的行动公理"呢？

"人的行动公理"即行动的含义。米塞斯曾在1933年出版的《经济学的认识论问题》和1962年出版的《经济学的最后基础》中对行动的基本概念进行了简单介绍，但对这一概念进行详细论述的却是他的成名巨著《人的行动》（共有1949年、1962年、1966年、1996年四个版本）。人的行动就是有目的或有意识的行为。米塞斯做了进一步解释："换言之，行动是能够付诸实施而转化成某种效能的意志，它针对某些目的或目标，是自我对外部刺激和环境条件所作的有意义的反应，是一个人面对决定其生活的宇宙所作的有意识的调整。"❶ 从这一解释可以看出，行动的概念虽然简短，却具有复杂与丰富的逻辑内涵：行动展现出人的"特殊性"，即人的思考与行为能力，正是这种能力将人与非人动物区别开来，也正是这种能力将心智内部世界与"目标物"的外部世界连接起来，并逐步发展成文明高度发达的人类社会。对这一公理进行全面理解，需要从以下方面入手：

第一，行动产生的前提。一方面，人的欲望或偏好处于不同的满足状

---

❶ 米塞斯. 人的行动：关于经济学的论文 [M]. 余晖，译. 上海：上海人民出版社，2013：17.

态当中。完全满足意味着人生活在一种完美的状态中，这种状态是一种理想的存在，超出了人的思想的想象力，但从心智的逻辑结构来看，该状态缺乏对变动和行动的任何刺激，人将不会有改变事物的动机，也就不会采取任何行动。相反，不满足意味着人生活在一种充满各种诉求的状态中，这种状态是人生的一种常态。在这种状态中，人急欲以一个更令其满意的状况取代一个较不满意的现状，也就是频繁地采取各种行动。另一方面，要使人行动起来，除了主观上的欲望和诉求，人还要具备消除或减轻不适之感的能力。如果不具备这个条件，人也不会采取行动，因为对无法改变的事情，人只能屈服，不会行动。所以，行动产生的前提有两个：不满足和有能力，两者缺一不可。此外，米塞斯对满足的评价标准进行了界定。他认为："至于满足程度的大小，除去个人的价值判断，没有任何其他标准；而价值判断因人而异，即使是同一个人，也因时而异。人的不安和少些不安的感觉，基于其自身的愿望和判断，以及其个人的和主观的评价。"❶ 简单来说，米塞斯认为，满足与不满足完全是个人对自身状态的一种主观评价，与他者无关。关于不满足或欲望背后的原因，人的行动学与本能心理学存在差异：后者认为人的行动的各种具体目的都有一个特别的本能作为诱因，把人的行动与动物行为等同起来；前者认为人的行动除了受到本能与冲动的约束，还受到"不安"的困扰，即人追求的是肉体的无痛苦和灵魂的无纷扰。这种动机上的差异源于人与动物的根本差异——心智。但米塞斯指出，行动学只研究手段的选择，不研究目的背后的动机，"人的行动学、经济学并不论及行动的最终源泉和目的，而只讨论用以达成目的的手段。不管冲动或本能的来源如何神秘莫测，而人们选择用以满足冲动或本能的手段，却是由权衡得失的理性考虑来决定的"❷。因此，人的行动学不研究本能和冲动，而研究如何应对本能、冲动和"不安"，体

---

❶ 米塞斯. 人的行动：关于经济学的论文 [M]. 余晖，译. 上海：上海人民出版社，2013：21.
❷ 米塞斯. 人的行动：关于经济学的论文 [M]. 余晖，译. 上海：上海人民出版社，2013：23.

第 1 章　经济学的哲学基础：认识论与方法论

现了人的理性❶，即人的行动是理性化的行为，而不是简单的动物行为。

第二，行动与目的。从行动的概念可知，目的是行动的本质特征，也是其与行为的区别所在。"行为"是一个比"行动"更广泛的概念，既包括有意识或有目的的行为，也包括无意识或无目的的行为：前者是人经过理性思考而采取的主动性行为；后者是身体的细胞和神经对外界刺激的反射和不自觉的反应，而行动学和经济学只研究前者。由于意识是人的一种内在思想活动，所以有意识的行为与无意识的反应之间的界限有时并不明确，因此有人认为这种区分所带来的意义并不显著。其实，一般情况下，无意识的反应是生理反应，只是"自涉"的，并不影响他人或事物的发展过程；而有意识的行为则表现出很强的主动性，是"他涉"的，会影响他人或事物的发展过程。因此，有意识与无意识的区别是比较明显的，而且能够清晰界定。对于生活在互动社会中的人来说，其大多数行为具有很强的目的性。也正是这样的行为影响着人与人之间的相互作用，影响着整个社会的发展。人的行动学也正是以这样的有意识行为作为自己的研究对象，进而了解其背后的运作规律，这是这门科学所具有的重要意义。虽然人的行动学的研究对象是具有明显的目的特征的行动，但这门科学只研究行动本身，并不涉及导致特定行动的内在事件，即不研究行动背后的原因或目的。"无论行动产生于利他还是利己动机，产生于高尚还是低庸的气质；无论行动是指向达到物质的还是精神的目的；无论行动产生于竭尽全力而精心设计的策划还是产生于一时的冲动与激动，都没有差别……行动的原因和它所追求的目标是行动理论的资料……但行动的性质本身并不受影响。"❷ "一个受下意识的冲动驱使走向犯罪的谋杀者，和一个其变态行为在未经训练者看来简直毫无意义的精神病患者，他们都是行动者；他们同常人一样，行为均有一定的目的。"❸ 由此看来，就人的行动的"目的"

---

❶ 这里的理性不是主流经济学中的完全理性，而是指人的思考能力。
❷ 米塞斯. 经济学的认识论问题 [M]. 梁小民, 译. 北京：经济科学出版社, 2001：32.
❸ 米塞斯. 人的行动：关于经济学的论文 [M]. 余晖, 译. 上海：上海人民出版社, 2013：18.

来说,"理性"与"非理性"的概念并不适用。在新古典经济学中,"理性"一般被界定为追求物质的和有形的利益,而一个人如果放弃自己的生命、健康和财富,去追求宗教的、哲学的、政治的信仰或国家利益,则被界定为"非理性"的。但在行动学中个人对其所追求的"目的"的理解,是基于个人的主观评价,与他人无关,与物质或精神形式无关,而且"理性"与"非理性"的划分需要唯一正确的、客观的价值标准和知识标准。因此,"非理性"行为不属于行动学或经济学的研究领域,行动的目的总是理性的,这种理性是个人经过推理的主观理性。总之,行动学的特点在于只区分有目的行为与无目的行为,但不区分理性与非理性目的。

第三,行动与手段。米塞斯指出,行动最普遍的前提包括不满意状态和通过行动改变这种状态的可能性。[1] 其中,第一个前提,即不满意状态是与目的相关的;而第二个前提,即通过行动改变不满意状态的可能性则与手段相关。因此,手段暗含在行动的发生前提之中。实际上,行动是有目的行为,意味着为实现目的而采用相应的手段,行动的过程也就是运用手段的过程,手段是作为工具来使用的。手段的表现形式多种多样:可以是物质的,也可以是精神的;可以是高尚的,也可以是卑劣的;可以是积极的,也可以是消极的;可以是具体的,也可以是抽象的。面对多样化的手段,人该如何进行选择来达成自己的目的?这就是行动学的任务。行动学研究的就是针对既定目的如何在众多的手段中进行权衡利弊得失的选择。但是,用"理性"和"非理性"来区分手段却是不恰当的,因为这隐含着一种对所用程序是否便利和恰当的判断,即此方法是否最适合于实现既定的目的。而事实上,人的理性并不是完全或完美的理性,也是会犯错误的,而且经常在选择和运用手段时犯错。"一个不适于目的的行动自然达不成愿望,这种行动有悖于目的,但却可能是理性的,就是说它是理性(尽管是错误的)考虑的结果,而且是一种达成某明确目的的企图(尽管

---

[1] 米塞斯. 经济学的认识论问题 [M]. 梁小民,译. 北京:经济科学出版社,2001:22.

是无效的）。"❶ 因此，行动学中手段的理性与新古典经济学中一般的理性完全不同：前者是一种有限的理性，本质上是"真实的人"的真实思考；后者是一种完全理性，意味着最大化效用或利润的实现，本质上是"经济人"的理论假设。这种差异主要源于行动学和新古典经济学对人的心智和人类知识的不同认知。行动学认为："科学总是而且一定是理性的。科学正是通过对可利用的全体知识进行系统的安排，以求得对宇宙现象的理解和把握……人类心智不可能想象有一种不受极据（即无法对其深入分析和简化）限制的知识。把我们的心智推进到这一点的科学的方法是完全理性的。"❷

根据上面的分析，我们发现对于行动来说，区分"理性"与"非理性"是不适用的：行动中的目的只区分有无，行动中的手段只区分合理与否。行动总是理性的，这种理性承认了人追求目的的主观性和选择手段的可错性，是一种"真实"的理性，是与人的心智相匹配的理性。正如米塞斯所言："我们不应当说非理性在行动中起作用，而应该使自己习惯于仅仅说有一些人的目的和我的目的不同，而且有一些人所用的手段和我在他们那种情况下所用的手段不同。"❸

第四，行动与"极据"。人类作为地球上的高级动物，拥有与非人动物不同的逻辑思维与行动能力。面对自然界和社会生活中的种种现象，人们一直渴望探求其背后的终极原因或终极本体。但以现阶段的人类知识来看，人们并未完成这一目标，不同的专家拥护不同的主张：一元论主义者认为，终极本体只有一个，尽管他们也只是猜测，并没有什么实际证据；二元论主义者认为，终极本体有两个，即自然界的和人类社会的，两者不可通约；多元论主义者认为，终极本体有多个，这是一种形而上学的争论，没有实际意义。以现有的人类知识来看，我们无法提供一个让所有人

---

❶ 米塞斯. 人的行动：关于经济学的论文 [M]. 余晖，译. 上海：上海人民出版社，2013：27.

❷ 米塞斯. 人的行动：关于经济学的论文 [M]. 余晖，译. 上海：上海人民出版社，2013：28.

❸ 米塞斯. 经济学的认识论问题 [M]. 梁小民，译. 北京：经济科学出版社，2001：33.

满意的答案。唯物主义一元论主张，人的思想和意志是身体器官组织脑和神经细胞作用的产物。他们认为人的思想、意志及行动仅产生于物质运动的程序，而这些程序总有一天将由物理和化学研究的方法得以完全解释。但"总有一天"是哪一天？任何人都无法给出一个明确的答案。这种"泛物理主义"的思想完全建立在一种形而上学的假设上，缺乏任何科学基础。而且这种主张排斥任何异于自然科学的研究方法，否认逻辑推理的价值，这实际上是方法上的一种垄断，不利于人类对整个世界的认知。而二元论承认人类知识体系的缺陷，即物理和生理的与思想和意志的世界之间的"鸿沟"。也就是说存在两个不同的领域：一个是物理、化学及生理的外在世界；一个是思想、感情及意志的内在世界。这两个世界之间至今尚无联系的桥梁，人类面对这一点无能为力。在将来，人类也许可以将这两个世界合二为一，跨越"鸿沟"，但现阶段，我们只能区别对待。由于人的心智对知识的探求是有限度或极限的，所以即使人类可以探求每一现象背后的原因，但终将遭遇以现有的知识来说难以跨越的壁垒。人的行动便是在世界中的壁垒。"人的行动是一种带来变化的机制。它是宇宙运动和形成的一个元素。所以它是科学探究应有的一个对象。由于不能追溯它的原因（在现有条件下）我们必须把它视为一种极据，并把它当作一种终极本体来研究。"❶ 所谓极据，就是"一些不可简化、不可分析的现象"❷。

对于人类社会中的各种现象，既不能从群体层面入手进行解释，也不能从基因层面进行解释，因为群体与基因并非行动的主体，也不具有思考与行动的能力；群体行为本质上是一种个人行为，基因行为本质上是一种生物反应。所以，对于这些现象的分析只能追溯到"真实"与"行动"的个人。"行动是人的本性和存在的要素，是他维系生命并将自己升华到高

---

❶ 米塞斯. 人的行动：关于经济学的论文 [M]. 余晖，译. 上海：上海人民出版社，2013：26.
❷ 米塞斯. 人的行动：关于经济学的论文 [M]. 余晖，译. 上海：上海人民出版社，2013：24.

于禽兽和植物水准的手段。"❶ 虽然个人及其行动极其渺小，引起的变化也微不足道，但正是这无限渺小的"颗粒"构成了庞大的人类社会，创造了发达的人类文明，对人类社会的认知必须也只能从人的行动入手来进行。人的行动是人类社会研究的起点和"极据"。

1.3.2 行动范畴

米塞斯以人的行动公理为出发点，扩展出诸多行动范畴❷，然后通过逻辑推理构建了整个行动学理论体系。也就是说，理论行动学的全部要素都已经暗含在行动的范畴之中了。因此，阐明行动范畴包括的内容便非常重要。米塞斯认为，行动范畴或行动概念包括：目的与手段的概念，取与舍的概念（即价值的概念），成功与失败的概念，利润与损失的概念，成本的概念。❸

第一，目的与手段。在行动公理的解释中，我们已经对行动的目的和手段之间的关系进行了分析。现在，我们主要来看米塞斯是如何定义目的和手段并描述两者的特征的。米塞斯认为，"严格来说，任何行动的目的、目标或意图，通常都指的是一种不适之感的消解"❹。可见，目的就是"不适之感"的消除或减少，而"不适"的感觉往往是个人主观的感受，所以目的具有明显的主观特性。人的目的或意图源于对现状的不满，而满意与否的标准又是人的心理评价。评价是人对周围环境与事物的一种判断，是个人自身观念和价值标准的外在表现。

观念和价值标准在行动学中被视为一种无法进一步认知的"极据"，关于它如何产生、如何发展、如何影响人的行动，人类并没有找到一个准确的答案。对于它，我们只能视之为个人的、主观的东西，是与外部世界

---

❶ 米塞斯. 人的行动：关于经济学的论文 [M]. 余晖，译. 上海：上海人民出版社，2013：26.
❷ 范畴：把事物进行归类所依据的共同性质，是哲学及其逻辑系统中最重要、最核心的概念之一。
❸ 米塞斯. 经济学的最后基础 [M]. 夏道平，译. 台北：远流出版社，1991：31.
❹ 米塞斯. 经济学的最后基础 [M]. 夏道平，译. 台北：远流出版社，1991：150.

隔离的"神秘世界"。因此，目的是绝对主观的，体现了个人内在世界的观念和价值准则，是区分人的行动与动物行为的根本标志。人的行动公理中所包含的最重要的范畴或概念就是目的，目的是一个抽象的存在，现实世界中并没有目的，只有目的的意向物或意向状态。此外，目的具有层次性，即可以区分为中间目的和最后目的。"目的总是消除不满足，但是，我们也会毫无疑问地把达到某种外部世界状态作为目的，这种状态可以使我们直接或间接地达到满意状态，或者可以使我们没有更多困难地完成借以达到满意的行动。"❶ 关于手段，米塞斯认为，"手段则指的是用以实现任何目的、目标或意图的东西"❷。由以上定义可知，手段以目的存在为前提，手段是目的的派生物，有目的才有手段。手段同目的一样是一个抽象的范畴或概念，它并不存在于给定的现实世界中。现实世界中只存在着"东西"，"外部世界的某些东西，只有通过人之心智运作及其外化为行动的过程，才能变成手段"❸。手段的产生源于人的心智对东西的"思考"和人的行动对东西的"动作"，而东西来源于外部世界，心智即内在世界，所以手段的产生实际上是将外在世界与内在世界联系起来，或者说将客观世界与主观世界联系起来，所以手段与目的不同，目的的选择体现人的主观性，而手段的选择则体现人的理性程度（即在现有的知识体系下会怎样思考并作出选择）。在前面的论述中，我们指出目的和手段均不可用"理性"和"非理性"进行区分，但这背后的原因是有差异的。既然手段的意向物是外在世界中的东西，而这些东西相对于人期望它们可提供的服务是有限的，也就是说手段具有稀缺性。如果物品极度丰富，也就没有人的行动和所谓手段了。因此，行动的基础是经济商品，而不是免费商品：前者是有用且有限的物品，后者是有用但无限的物品。而经济商品又可区分为消费性商品和生产性商品，前者用于直接满足人的需要，后者则只是间接

---

❶ 米塞斯. 经济学的认识论问题 [M]. 梁小民, 译. 北京：经济科学出版社, 2001：30.
❷ 米塞斯. 人的行动：关于经济学的论文 [M]. 余晖, 译. 上海：上海人民出版社, 2013：103.
❸ 米塞斯. 人的行动：关于经济学的论文 [M]. 余晖, 译. 上海：上海人民出版社, 2013：103.

满足人的需要。行动学的研究对象是人的行动,但它不研究目的,而是研究手段,即研究如何选择稀缺的手段去达成既定的目的。❶

第二,价值与需求。价值的概念及主观价值理论是米塞斯整个理论体系的基础,具有非常重要的地位。价值究竟从何而来?如何理解?米塞斯给出了自己的答案:"价值是行动人赋予终极目的的重要性。只有终极目的才被赋予主要和原始的价值。"❷ 终极目的,即最后目的,是中间目的的最终指向,比如:如果把消除饥饿的感觉作为最后目的,那么就可以把获取食物作为中间目的;如果把消除寒冷的感觉作为最后目的,那么就可以把获取衣服或住房作为中间目的。由此可见,中间目的可能存在多个层次,但最后目的一般都与人的主观感觉相关,是对人的某种欲望的满足。所以,终极目的具有纯粹的主观性,它因人而异,因人在其生命的不同时期而异。而价值是个人对终极目的或自身欲望的一种基于心智的判断,同样具有不可争议的主观特性。正如米塞斯所说:"价值不是固有的,它不存在于物件之中。它存在于我们的心里;它是人对其所处环境之条件的反应方式。"❸ 此外,对于依附于目的的手段,则是按照它为实现终极目的而作出的贡献大小来进行估价的,因而它们的价值是由其可实现的目的派生出来的。由于手段在现实世界的意向物或对应物为经济商品,所以经济商品的价值同样取决于它们可能使人实现的各种目的。因此,对于不同的人来说,经济商品的价值是不同的,具有主观特性。人的终极目的、实现目的的手段及对应的经济商品具有多样性,所以价值也就具有多样性,这就涉及不同价值之间的比较,即价值等级。行动人在安排他的行动时,其心里会对欲望或价值做一个等级上的划分。通过这种划分,行动人优先满足较高等级的欲望或价值,放弃满足较低等级的欲望或价值,这是一种选择

---

❶ 虽然从字面上来看,米塞斯关于行动学的定义与新古典学派对经济学的定义极其相似,但两者的假设前提和分析手段却存在巨大差异。

❷ 米塞斯. 人的行动:关于经济学的论文 [M]. 余晖,译. 上海:上海人民出版社,2013:107.

❸ 米塞斯. 人的行动:关于经济学的论文 [M]. 余晖,译. 上海:上海人民出版社,2013:107.

过程。由这种过程，我们可以看出价值等级与行动之间的一一对应关系。"离开了个人的真实行动，这些等级就无法独立存在。我们关于这些等级的知识，唯一的手段就是对人们行动的观察。"❶ 价值及其等级实际上是人对目的和手段的评价及其排序，它是主观的、抽象的，对它的认识只能通过具体的行动和选择来进行，即行动的选择反映了价值等级，而行动的过程是运用手段（即经济商品）达成目的的过程，所以就会形成对不同经济商品的不同需求。需求通过人的行动与价值紧密联系，是价值的外在表现形式。"在经济领域中，与反映在人之真实行为中的价值等级不同的需求等级是不存在的。"❷ 价值、行动与需求三者关系密切：价值是一种纯粹主观的心理评价，属于内部世界；行动选择受目的及其价值驱动，反映价值等级，同时作用于经济商品，即行动联系了内在世界的主观评价和外在世界的客观经济商品；需求则是行动作用于经济商品的结果，是价值在外在世界的一种表现形式。

第三，交换与成本、利润。"行动是用一种更为满足的状态取代一种较不满足之状态的企图。我们称这种蓄意性的替代为交换。"❸ 所以，行动的本质就是交换，而交换的前提是个人或双方对两种状态的评价存在差异，即存在主观价值判断上的不同，否则，交换便不会发生，可见，价值理论是交换理论的前提。交换既可以由孤立的个人来完成，也可以由多人来完成。也就是说，交换的形式有两种：一种是自给交换，如不同个人之间的直接交换或间接交换；另一种是人际交换，即在社会中的合作行为，目的是通过交换促进自身利益的增加。但不管是哪种交换形式，从本质上来看都是放弃一种不满意的状态或事物以获得一种更满意的状态或事物。这种被放弃的状态或事物便是我们为追求更好状态或事物而付出的代价。

---

❶ 米塞斯. 人的行动：关于经济学的论文 [M]. 余晖，译. 上海：上海人民出版社，2013：106.

❷ 米塞斯. 人的行动：关于经济学的论文 [M]. 余晖，译. 上海：上海人民出版社，2013：108.

❸ 米塞斯. 人的行动：关于经济学的论文 [M]. 余晖，译. 上海：上海人民出版社，2013：108.

第 1 章 经济学的哲学基础：认识论与方法论

"付出的代价的价值被称为成本，成本因而等于附着于那为实现所寻目的而必须放弃的满足值。代价的价值（即付出的成本）与达成的目的之价值之间的差额被称为利得、利润或净收益。"❶ 从定义可以看出，成本是一种满足值，利润是两种价值之间的差额。所以，在原始的意义上（即概念的起源上），成本和利润是纯粹主观的，是一种既不能度量，也不能权衡的心理现象，对二者的评判只能凭借感觉，并不存在所谓客观的方法。交换、成本和利润是交换学或经济学中的三个核心概念，是整个理论体系的基础。

第四，时间。时间是物理学中的七个基本物理量之一。❷ "借着时间，事件发生之先后可以按过去—现在—未来之序列得以确定（时间点），也可以衡量事件持续的期间以及事件之间和间隔长短（时间段）。时间是除空间三个维度以外的第四维度。"❸ 所以，无论是自然科学领域，还是人的行动科学领域，都难逃时间的作用。自然现象的发生之间有先后之分，社会事件的发生之间同样有早晚之分。但存在一个特殊的领域，即思维科学领域，其是超越时间的。米塞斯认为："逻辑学和数学，研究的是一种理想的思想体系。其体系组成部分之间的联系和蕴含是共存的而且相互依赖。我们也不妨说它们是同时发生的或超时间的。"❹ 对于这种超时间的思想体系，完全的心智可以在一念之间就领悟它们，但由于人类心智存在局限性，所以人们对它们的掌握只能是逐步的，即存在认知上的时序。也就是说，逻辑学与数学思想体系本身是超时间的，但由于人的因素产生了认知上的时序。人的行动学体系在认识论上不同于逻辑体系之处，正是在于它同时蕴含着时间和因果律的范畴。行动学从行动公理出发，借助行动范

---

❶ 米塞斯. 人的行动：关于经济学的论文 [M]. 余晖，译. 上海：上海人民出版社，2013：108.

❷ 七个基本物理量为长度（m）、时间（s）、质量（kg）、热力学温度（K）、电流（A）、光强度（cd）、物质的量（mol）。

❸ 周长发. 时间与物理学 [M]. 北京：科学出版社，2011：73.

❹ 米塞斯. 人的行动：关于经济学的论文 [M]. 余晖，译. 上海：上海人民出版社，2013：110.

畴，通过逻辑推理来构建整个理论体系，从这点来看，它是超时间的。但行动学的研究对象是有目的的行动，人是行动的主体，而人作为一种高级生物生活在宇宙空间之中，必然受到时间这个第四维度的约束。人会变老和死去，从而不可能对时间流逝漠不关心，行动的本质是交换，交换意味着变化，变化蕴含着时序。在生活和行动的过程中，人逐渐确立了时间的概念，时间的观念是一个人的行动的范畴。❶ 人的心智不能想象无时间的世界和无时间的行动。"行动人对那些在同一段将来时间以内的各种欲望满足要加以选择；同样地，在较近的将来之欲望满足，与较远的将来之欲望的满足之间也要加以选择。每个选择也包含着准备期的选择。"❷ 实际上，行动人的每一项选择，都可能面临两个方面的约束：一是价值比较，即同一时间内不同目的或欲望满足之间的选择；二是时间比较，即较近的目的或欲望满足与较远的目的或欲望满足之间的选择，时间比较反映了人的时间偏好，即把近期的满足看得比远期的满足更重要。时间偏好源于时间稀缺性，即时间有限，而且不可逆。简单来说，人的行动受到主观的价值判断的驱动和外在强制的时间流逝的约束。时间是人的行动不可缺少的元素，但在行动学中对于时间的理解是不同于自然科学和哲学的：在自然科学中，时间的表现形式是事件发生的时间点和事件持续的时间段；在哲学中，时间被当作一个抽象概念来使用，"现在"仅是在观念上区分过去和未来的一条分界线。在行动学中，对时间的界定是通过"条件"和"机会"来进行的。"凡是因机会已逝而不能再有所作为或再利用的，能使过去和现在相互对照；凡是因条件未具备或时机仍不成熟而不能有所作为或不能利用的，则使未来与现在相照应。"❸ 所以，行动学中的"现在"既不是"时间点"和"时间段"，也不是"分界线"，它的存续完全取决于行动当中的条件和机会是否"已逝"或"成熟"。"现在"的概念因而随行

---

❶ 米塞斯认为，"时间流逝是行动产生的条件"，这一事实是根据经验而不是先验确立的。
❷ 米塞斯. 人的行动：关于经济学的论文 [M]. 余晖，译. 上海：上海人民出版社，2013：501.
❸ 米塞斯. 人的行动：关于经济学的论文 [M]. 余晖，译. 上海：上海人民出版社，2013：112.

动不同而不同，它持续的时间的长短也因行动的重要性而变化，它可以是本世纪、本年、本月、今天、这一分钟、这一秒等具体形式。此外，米塞斯对行动时序与价值等级之间的关系进行了阐述。根据前面的分析，我们知道行动选择反映价值等级。所以有人（新古典经济学家）把某人（代表性消费者）的各种不同的行动解释为同一种价值等级（偏好次序）的结果，而且这种价值等级是独立的、先于行动的、稳定的（偏好的稳定性假设）。从行动学角度来看，新古典经济学效用论存在两个缺陷：第一，忽视了行动的时序性；第二，忽视了价值等级（偏好）的多变性。价值等级是对不同目的或不同经济商品的重要性的一种主观评价，它因条件的变化而变化，具有多变性。行动选择反映价值等级，不同的行动则可能反映不同的价值等级。从本质上来看，新古典经济理论中的效用论是从一个人的各种行动，"即那些必然是非同时发生的各种行动中抽象出来的一种价值等级，可能陷入自相矛盾之中"❶。

第五，因果关系。关于行动与逻辑的关系，米塞斯认为两者都是人的心智的表现形式，心智的逻辑结构创造了行动的实在，而行动是逻辑的衍生物。❷ 所以，逻辑结构中的因果关系范畴是行动的前提条件，如果世界中不存在因果关系规律，那么世界将变得无序、不可认知，人将彻底迷失方向。因此，无论是在自然科学领域还是在社会科学领域，现象之间的因果关系必然被假设为普遍存在的，而且人类对某些领域全部或局部的无知并不影响因果关系范畴的有效性（自然科学中的现象关系与社会科学中的现象关系还是存在差别的，前者中无人的因素或目的因素，而后者则恰恰相反）。而人作为行动主体必须明确事物之间、过程之间或状况之间的因果关系，发现事物的内在规则，并为实现自己的目的而对其进行主动干预。也就是说，因果关系范畴的存在及其认知，是人行动的逻辑前提。

第六，不确定性。在前面的分析中，我们假定所有事件和变化之中都

---

❶ 米塞斯. 人的行动：关于经济学的论文 [M]. 余晖, 译. 上海：上海人民出版社, 2013：115.

❷ 许尔斯曼. 米塞斯大传 [M]. 黄华侨, 等译. 上海：上海社会科学院出版社, 2016：682.

存在因果关系，而且人有能力发现这些因果关系，这两者是人采取行动的前提条件。在一个没有规律的世界里，是不可能有人的理性和行动存在的。但是，这并不意味着我们生活在一个确定性的世界里，能够知晓未来的一切。否则，我们就无须作出任何选择和行动。我们就如同机器一样，只是执行各种命令，而不能作出附带个人意识的反应。所以，未来不确定性的存在同样是行动的前提，但未来的不确定性与人的行动并非两个相互独立的事物，而是对同一事物的不同表述，因为行动是有目的的行为，是具有未来指向性的，行动蕴含着未来不确定性，未来不确定性激发行动，两者不可分离。这种不确定性主要源于人类认知的局限性。自然科学的发展极大地改善了人类的生活环境，降低了不确定性，但这并不能使未来成为可预测的。人类的认知至少在两个领域存在局限性：一是无法充分认识的自然现象；二是人类的选择行动。人类在这两个方面的无知使其行动充满不确定性，人们对于未来的需要、价值和反应，以及科技知识的发展均是不可预测的，我们只能降低不确定性，而不能消除不确定性。绝对的确定性只存在于纯粹的逻辑推理中。对于这种普遍存在的不确定性，米塞斯将其定义为或然性："如果我们对于某一事物的内容没有充分的知识，则关于它的陈述就是或然的。我们无法确知决定某一陈述之真伪所需用的全部事项，但另一方面，我们又确实知道有关它的某些事项。"❶ 或然性反映了人类对宇宙事物的了解程度，反映了人类认知的局限性。但是，在或然率的使用过程中，存在着种种误解，比如：把或然率当成频率；用一个或然率理论取代因果律范畴。米塞斯指出：存在两种完全不同的或然率：类的或然率和案由或然率。前者的应用领域是自然科学，完全由因果律支配；后者的应用领域是人的行动科学，完全受目的论支配。类的或然率是指，我们知道或假设知道关于某些事项全类活动的一切情形，但关于其中个别事项的实际情形，我们除知道它们是这一类分子以外，则毫无所知。❷

---

❶ 米塞斯. 人的行动：关于经济学的论文 [M]. 余晖，译. 上海：上海人民出版社，2013：119.

❷ 米塞斯. 人的行动：关于经济学的论文 [M]. 余晖，译. 上海：上海人民出版社，2013：120.

类的或然率主要用来描述类事件，而对于类事件，我们只能从总体上进行把握，完全知晓全类动态，进行概率的计算；但如果涉及类中的个别事件，我们则一无所知，不能作出任何有依据的判断。比如，对购买彩票这项活动来说，我们只能说每一张彩票总体来说中奖概率是多少，但不能说具体某一张彩票的中奖概率是多少。此外，保险是对类的或然率的一种应用。保险，不管是按商业原则还是按互助原则，都必须是对全类事件的保险，而不能是对单个事件的保险。针对单个事件的不是保险，而是赌博。所以，保险并不存在特殊的风险。案由或然率是指就某一特殊事件，我们知道一些决定其结果的因素，但同时还有其他一些因素是我们所不知道的。❶ 所以，案由或然率主要用来描述特殊事件，这点与类的或然率有极大的不同，而且容易造成误解。比如，在医学领域，如果说某类病人的康复机会是70%，指的是类的或然率。但如果涉及某位患这种病的具体病人时，他的康复机会可能高于或低于70%，这取决于诸多因素，如年龄、职业、是否患有其他疾病等。对于特殊事件，我们可以采用的处理方式只能是理解，而不是计算。"理解总是基于不完全的知识，我们可能知晓行动人的某些动机，他们的目的以及他们为达成某些目的而计划采用的手段……但这种知识是有缺陷的。我们不能事先排除置错的可能性，我们可能错误地估计那些因素的影响，或遗漏了某些因素。"❷ 自然科学领域的事件完全由确定性因果关系支配，一般为类事件，可以进行归纳整理，并通过或然率的计算来反映事件的整体特征。相反，在人的行动科学领域，事件由目的论支配，不存在确定性的关系，均为特殊事件。因此，不能进行归纳、整理，或者计算或然率，只能通过理解进行把握。行动学理论的存在虽然使我们有可能准确预测各种行动的结果，提高理解的"水平"，但这种预测只能是趋势性预测，而不能是定量预测。虽然这种方法不尽如人意，但这是我们处理人的行动未来不确定性的唯一可行方法。

---

❶ 米塞斯. 人的行动：关于经济学的论文 [M]. 余晖，译. 上海：上海人民出版社，2013：122.

❷ 米塞斯. 人的行动：关于经济学的论文 [M]. 余晖，译. 上海：上海人民出版社，2013：124.

通过对行动范畴的分析，我们发现行动是一种"成分"非常复杂的"极据"：既包括内在世界的主观成分，如目的的选择、价值的判断、交换的产生，又包括外在世界的客观成分，如手段的"东西"、需要的表现；既包括可知的"因果关系"范畴，又包括不可知的"不确定性"范畴。此外，还有作为"强制约束"出现的时间范畴。因此，对人的行动的认知，我们必须保持保守与谦卑的态度，谨慎而缓慢地前进，而不能大胆地"猜想"。

1.3.3 行动学的先验性及其争议

米塞斯的行动学由行动公理出发，通过演绎推理的方法将蕴含在行动范畴中的定理显现出来，进而构建整个理论体系。该体系建立在人的心智的行动学结构基础上，运用演绎的方法，具有先验性特征。所谓先验性，即认为人的知识是先于客观事物、先于社会实践、先于感觉经验的东西，人们只能通过先天的形式或手段才能获得。❶ 具体到行动学来说，米塞斯主张由行动范畴推理得出的各种定理是先于各种具体经验和事实而存在的，但行动学并不是一种规范性的存在，即不是说行动学"应该"是先验的，而是说它"确实"是先验的。所以说，米塞斯的行动学并非脱离现实的和形而上学的理论，也不是个人的凭空想象和主观臆断。它起源于对经验事实的观察，并发现人的行动中的一般特征，然后追溯至人的行动的根源——人的心智。所以，行动学是反映因果关系的一般性规律，而经验是一般性规律在各种具体环境下的表现，这是两种完全不同的知识，前者完全不依赖于后者。行动学依赖的是人的心智，而不是具体的经验，也就是说理论隐含于经验，但从逻辑上又先于经验。"所有与人的行动有关的经验都以人的行动学的诸范畴为条件，且只能借助这些范畴的应用才成为可能。如果我们心中不存在由人的行动学推理提供的图式，我们就永远不能

---

❶ 韩水法. 论康德的先验哲学与形而上学 [J]. 哲学分析，2014，15（6）：3-24.

识别和了解任何行动。"❶ 在现实生活中，如果没有一种"理论"存在于我们的意识之中，我们将无法谈论自己的行动，不能思考行动，甚至无法行动。因此，人必须预先具备人的行动学知识才能行动。

理论与经验的这种一般与特殊的关系决定了经验永远也不能否定先验理论的相关命题。有关人的行动的经验是一种复杂现象的经验，其中不仅隐含着一般性规律，更涉及诸多不可重复的个性化因素，它们都是特殊事件。所以，同一种复杂现象的经验总能用各种逻辑上互不相容的理论来解释，所需做的仅仅是改变研究的视角或所运用的统计学方法。同样，人的行动科学领域中的任何一种理论也不能被某一经验来否定或证伪，任何一种政治和经济政策无论多么荒谬也与经验不矛盾，因为这种政策的支持者会宣称他的理论取得成功所需的根本条件没有得到满足。假设检验的实证方法在自然科学领域的适用性主要源于自然现象之间的确定性因果关系，而这种方法在人的行动科学领域并不适用，人的行动经验之间的关系是基于目的论的，不存在确定性的因果关系。那么，该如何处理先验理论与经验事实之间的不一致呢？米塞斯认为："理论与经验事实之间的不一致性迫使我们再一次彻底思考理论的问题。但是，只要对理论的再思考没有暴露出我们思考中的错误，我们就没有权力怀疑其正确性。"❷ 所以，检验理论的不能是经验，只能是理论的再思考，经验不能证实或证伪理论，这点与卡尔·波普的证伪原则不同。对于经验事实的价值，米塞斯指出："只有经验能使我们以其具体形式了解行动的特殊条件……外部世界的存在性是由经验给出的；而且，如果我们实施确定的计划，只有经验能告诉我们，面对外部世界的具体情况，我们应该如何行动。"❸ 对于行动学中的理论与经验可以做以下对比：理论是抽象的，经验是具体的；理论反映行为的一般条件，经验反映行动的特殊条件；理论是内在世界的产物，经验是

---

❶ 米塞斯. 人的行动：关于经济学的论文 [M]. 余晖, 译. 上海：上海人民出版社, 2013：49.

❷ 米塞斯. 经济学的认识论问题 [M]. 梁小民, 译. 北京：经济科学出版社, 2011：7.

❸ 米塞斯. 经济学的认识论问题 [M]. 梁小民, 译. 北京：经济科学出版社, 2001：12-13.

外在世界的结晶;理论的价值在于不变性,经验的价值在于多变性。理论与经验的共同作用塑造出一个"真实的"行动人:既有迹可循,又充满变数。

　　米塞斯行动学的先验论主张是其思想体系中最具争议的部分,被大多数主流经济学家认为相当古怪。1938年,霍奇森说:"一个根本无法被证明是真还是假的观点……对一个科学家来说毫无益处。"❶ 以研究方法论著称的经济学家马克·布劳格(Mark Blaug)也曾经提到米塞斯后期关于经济科学基础的作品是如此古怪和奇特,以致人们怀疑是否有人认真地对待过它们。1995年,米尔顿·弗里德曼(Milton Friedman)对米塞斯的人的行动学方法作出过非常极端的评论:"我觉得这种看法实在太荒唐了,我从来搞不懂怎么会有人接受这种观点。"❷ 就连米塞斯的学生马赫鲁普也表示过他不能完全同意米塞斯的观点。但真正对米塞斯的先验主义行动学进行认真反驳的只有哈耶克。哈耶克作为奥地利学派第四代的代表人物,于1974年获诺贝尔经济学奖,是知名度最高的奥地利学派经济学家之一。虽然他的学生生活和学术生涯与米塞斯有着密切的联系,但哈耶克并不是米塞斯的正式学生(哈耶克是维塞尔的学生),而且他的思想也与米塞斯有着不小的差异:哈耶克本人对米塞斯的评价颇高,对他有相当多的赞誉,但他在1937年发表的《经济学与知识》一文中,对米塞斯的先验论提出了异议。"经济理论的观点可以转化成一些命题,而只要能够用那些有关如何获得和传播知识的明确陈述充实那些形式性的命题,那么这些命题就可以告诉我们现实世界中所发生的事情的各种因果关系了。"❸ 哈耶克意在说明先验推理方法在经济学中的局限性:他认为,纯粹的逻辑推理只能描述社会的均衡状态及其条件,但不能解释均衡实现的过程。"要洞察均衡的过程,必须涉及有关知识获得和交流的具体经验信息……均衡状态意味着市场参与者之间有完全的信息,非均衡意味着信息存在缺陷。因此,均

---

❶ 柯兹纳. 米塞斯评传[M]. 朱海就,译. 上海:上海译文出版社,2010:74.
❷ 弗里德曼. 自由选择[M]. 张琦,译. 北京:机械工业出版社,2023:55.
❸ 哈耶克. 个人主义与经济秩序[M]. 邓正来,译. 北京:三联书店,2003:52-53.

衡过程必然是一个学习的过程。"❶ 哈耶克指出，纯粹的逻辑推理不能描述这种学习过程的特征；只有具体的经验信息才能帮助我们认识学习过程。对于米塞斯与哈耶克这种观念上的差异，奥地利学派的第五代代表人物伊斯雷尔·柯兹纳曾给出过自己的解释："米塞斯并不认为为了理解市场均衡过程就必须考虑关于市场中学习行为的经验研究……要理解这一切，关键在于了解米塞斯体系中的人的行动这个基本概念与新古典体系中'最大化选择'等概念之间的重要区分。"❷ 主流微观经济学的研究对象是"经济人"的最大化选择，这一假定无论是对消费者还是对生产者都是适用的：前者追求的是预算约束下的个人效用最大化；后者追求的是成本约束下的个人利润最大化。消费者通过商品的买卖决策来实现最大化选择，生产者通过商品的生产来实现最大化选择，但两类经济主体的决策均存在一个假设前提，即给定偏好、知识和预期，用柯兹纳的话来说，就是"不存在一个知识和预期能自发地进行修正的内部机制"❸。通俗地讲，就是假设人只是简单执行命令的"机器人"，而不是具有能动性的"真实人"。也正是这个假设导致主流经济学不能说明均衡过程实现的自发性，哈耶克也是在主流经济学的框架内去理解均衡的实现过程，将它界定为包含具体经验的学习过程的，这些经验只有在逻辑推理之外去发现、去认知。从这点也可以看出，哈耶克并未继承米塞斯的学术思想，他更倾向于主流的新古典经济学，其中的原因不得而知。

　　米塞斯的先验行动学的研究对象不是"经济人"的最大化选择，而是人的行动。人的行动是有目的的行为，其中蕴含了目的与手段这样的范畴，也蕴含了人的能动性。目的和手段在行动学的框架下并不是给定的，即人的偏好、知识和预期是多变的。而且，具有能动性的行动人不是机器人，而是善于利用已有机会，发现隐藏机会的人。因此，行动人的发现过程是修正"错误"和"非均衡"因素的过程，是均衡过程和学习过程融合

---

❶ 柯兹纳. 米塞斯评传 [M]. 朱海就，译. 上海：上海译文出版社，2010：76.
❷ 柯兹纳. 米塞斯评传 [M]. 朱海就，译. 上海：上海译文出版社，2010：77.
❸ 柯兹纳. 米塞斯评传 [M]. 朱海就，译. 上海：上海译文出版社，2010：77.

的过程。当然,这种发现过程也是一种理论上的逻辑分析。当涉及真实世界中的具体均衡路径时,同样需要相关经验加以说明。哈耶克对于学习过程的强调正是源于主流经济学的相关假定,并不能构成对米塞斯先验论的有效反驳。

1.3.4 关于经济学的疑问

通过前面的分析,我们知道米塞斯的先验行动学是建立在行动公理基础上的,也就是建立在"行动是有目的的行为"这个最基本的认识基础上的。因此,米塞斯的理论体系面临一个终极的疑问,即如何发现他人的行为具有目的?柯兹纳曾问过米塞斯三个问题:"一个人是怎么知道他之外的其他人有目的的?我们怎么知道一个人不是世界上唯一有目的的人?根据先验的推理,人们怎么知道社会是由理性的和寻找目标的人组成的?"[1]米塞斯给了一个令柯兹纳非常惊讶的答案:"我们是通过观察意识到其他人的存在的。"由此可以看出,米塞斯的先验论似乎并不像弗里德曼、哈耶克等人认为的那么极端,行动学的真正起源可能是对现实世界的观察,通过观察来发现普适的行动公理。在现实生活中,当与周围的人进行互动交流时,如交换物品、交流思想等人际活动,我们必须遵守一条原则,即把别人视为与自己一样有思想和能行动的"人"。也就是说,必须保证与我们互动的对象是"真实的人",既不是"非人动物",也不是"超人"。这一原则来源于真实世界,是真实的和有效的。所以,在行动学框架中,不仅"我"是"真实的人",而且"周围的人"也是与"我"一样的"真实的人",社会是由众多"真实的人"组成的。这是行动学基于经验观察的前提条件。思考与行动是人的根本特征,为所有人共有。"'我'的逻辑是所有其他人的逻辑,因而绝对是人类唯一之逻辑;'我'的行动范畴是所有其他人的行动范畴,因而绝对是所有人类之逻辑。"[2] 所以,米塞斯认

---

[1] 柯兹纳. 米塞斯评传 [M]. 朱海就,译. 上海:上海译文出版社,2010:79.
[2] 米塞斯. 人的行动:关于经济学的论文 [M]. 余晖,译. 上海:上海人民出版社,2013:32.

为："一旦一个人依据经验观察，确信社会是由有目的的人构成，那么在他看来，他就可以通过演绎推理构建那些构成经济学核心的经济理论之程序。"❶ 因此，米塞斯建立行动学及经济学体系的步骤是：经验观察→行动公理→行动范畴→逻辑推理→行动学理论→经济学理论。但我们并不能说米塞斯的理论是经验主义的，而不是先验主义的。因为米塞斯只是从经验中发现了理论要素，并构建理论体系，这一体系还是先验的，只是其隐藏于丰富的经验之中。米塞斯的这种构建理论的思路与门格尔的"分析的方法"极为相似，所以米塞斯才是门格尔思想精髓的真正继承者和阐释者。

门格尔是奥地利学派的创始人，他在 1871 年出版了著作《国民经济学原理》（这本著作对米塞斯产生了巨大影响）。在该书中，门格尔对基本的经济现象，如财货、价值、交换、价格、商品和货币，进行了理论分析，并提出了这些现象普遍适用的规律。门格尔在书中运用了一种特别的方法："追寻性质和规律的起因，一直追溯到那些至为简单的事实根据为止。"❷ 这与米塞斯将人的行动作为"极据"从本质上看是一致的。而门格尔在《国民经济学原理》中的成就就是确定了人类经济的基本要素，如个人需求、个人知识、个人所有权、个人失误等，从而分析和解释了这些要素如何导致诸如价格这样更为复杂的市场现象，他将这种方法称为"精确方法""分析综合"。门格尔的思路如下：复杂经济现象→简单的基本要素→逻辑推理→经济规律→解释复杂现象。门格尔的"分析方法"虽然源于经济现象，但与现代经验科学的实证方法不同，他并没有运用抽象的理论模型，也没有提出可证伪的假说以便接受经验的检验，是起源于经验的逻辑推理方法，这点必须与实证主义严格区分开来。由此可见，米塞斯与门格尔在研究方法上是一致的，是一脉相承的，他们都坚持把经济学发展成一门与历史学不同的描述性科学，他们都坚信自己的理论描述了人的行动的一般规律，这些规律无论时间与地点都普遍适用，从这点来看，他们的理论是先验的。所以，米塞斯是一位门格尔主义者，是一位门格尔派的经

---

❶ 柯兹纳. 米塞斯评传 [M]. 朱海就，译. 上海：上海译文出版社，2010：80.
❷ 许尔斯曼. 米塞斯大传 [M]. 黄华侨，等译. 上海：上海社会科学院出版社，2016：71.

济学家，这也是他与其他奥地利学派经济学家和主流经济学家截然不同的地方。

1.4 主要反对者

经济学中的历史主义主要体现在德国历史学派的各种主张中。德国历史学派是19世纪40年代至20世纪初期在德国出现的经济学流派，它的先驱为弗里德里希·李斯特（Friedrich List），他反对古典学派的抽象、演绎的方法，主张运用从历史实际情况出发的实证的历史主义方法。他在《政治经济学的国民体系》（1841年）一书中提出发展国民生产力的理论，在经济政策上主张采取国民主义和保护主义的贸易政策。李斯特的历史主义的经济发展阶段论，形成了德国历史学派的传统和基本特征。随后，威廉·罗雪尔（Wilhelm Roscher）、布鲁诺·希尔德布兰德（Bruno Hildebrand）和卡尔·克尼斯（Karl Knies）等人形成了旧历史学派。罗雪尔在《历史方法的国民经济学讲义大纲》中主张研究国民经济的性质和需求、满足国民经济任务的法律措施以及它们所带来的效果，他强调的是国民经济中的自然法则，这点与施穆勒和克尼斯有所差异。希尔德布兰德本是历史学家和统计学家，后转入经济学研究，他在《现在和将来的国民经济学》中主张通过对过去经济学说的借鉴来研究现在和未来的经济学，而且他认为经济学对国民经济的研究要采用历史语言学方法。克尼斯在《历史方法的政治经济学》中批判斯密的理论是一种"绝对主义"，认为其忽视了各国经济发展的差异，他称自己的经济学是一种"相对主义"理论，认为各国国民经济不存在共同的发展规律，而是各自有其特殊的发展过程，所以经济学应该运用归纳法从历史生活中寻找其理论基础。19世纪70年代以后，由于工人运动和各种社会问题的出现，新历史学派一方面继承了旧历史学派的传统，另一方面通过提出各种社会改良主义来应对相关问题，主要代表人物有阿道夫·瓦格纳（Adolf Wagner）、卢约·布伦塔诺（Lujo Brentano）和古斯塔夫·冯·施穆勒（Gustav von Schmoller）。瓦格纳的主张主要体现在他的财政学体系中，他认为国家经费是生产性的，提出累进税制，强调国家救助是社会改良的主要支柱，他自称"国家社会主义者"。布伦塔诺的根本立场是主张工人阶级的团结自由，反对政府的强制干预，不提倡消灭阶级剥削，在社会政策方面始终坚持从个人利己主义出发的自由主义立场。施穆勒是新历史学派的典型代表，他强调以中小企业、商人和自耕农为代表的中间阶层在维护资本主义秩序中的重要作用，在社会改良方面最大的特点是保守与妥协折中主义。

1883年，奥地利学派创始人门格尔在其著作《政治经济学方法论》中批判历史学派缺乏理论上的抽象分析，陷入经验主义，不能发现现实世界中的经济规律。同年，施穆勒发表书评《国家科学和社会科学方法论》，抨击门格尔已陷入纯理论的空转，缺乏经验证据来支持他的结论。随后，门格尔发表文章《德国国民经济学中历史主义的谬误》。施穆勒未给予回应，两人的"争论"宣告结束。但双方弟子的争论却持续了20多年，学术史上称之为"方法论之争"。此后，历史学派日渐衰落，逐步解体，特别是经过马克斯·韦伯的批判。韦伯于1904年发表了《社会科学和社会政策认识的"客观性"》，主张作为经验科学的社会科学，其任务在于寻找客观真理，批判施穆勒将价值判断混入了经济科学的研究中。施穆勒虽然在1911年进行了形式上的反驳，但历史学派中的布伦塔诺等都支持韦伯的观点，再加上德国当时通货膨胀的经济形势，缺乏理论的历史学派不能有所作为，终于解体。德国的社会政策学会也在1935年因被纳粹镇压而解散。不管是历史学派，还是新历史学派，甚至是马克斯·韦伯，他们的主张在本质上具有一致性：社会科学即人的行动科学仅仅是由历史学和历史方法构成的，寻找不取决于时间、地点、种族和文化而普遍正确的规则性是浪费精力。从认识论的角度来看，历史主义认为社会领域中的全部科学知识都来自经验，是对过去经验的概括，又总能被未来的经验所推翻。所以，他们认为研究社会科学唯一适用的方法就是对历史的特殊理解，没有一种正确性可以超越一个或几个历史时代的知识。可见，历史主义虽然不仅意识到社会科学中的事件与自然科学中的现象存在本质上的差异，也意识到人的动机和利益在理解社会事件时的关键作用，但其片面夸大了这种事件的特殊性，未意识到复杂现象中隐含的普遍规律。这种否定普遍规律存在性的倾向也就是否定经济学的最根本贡献，因此，米塞斯把历史学派界定为经济学的"敌人"。

实证主义是一种强调感觉经验，排斥形而上学的西方哲学流派。从本质上来看，实证主义是经验主义认识论的一种表现形式，它的产生和发展是经验主义哲学传统演化的产物。经验主义的哲学思想最早可追溯到16世纪的弗朗西斯·培根（Francis Bacon），培根以实验科学为根据强调感性经验在认识中的重要作用，但他并没有否认理性认识的必要性，他认为只有把感性和理性结合起来，运用科学实验和客观分析，才能推动知识的进步。与培根不同，17世纪的约翰·洛克（John Locke）是一位彻底的经验主义者，他指出："人的适应是先天就有的，人的心灵就像一张白纸，在它上面没有任何天赋的标记和理念的图式。"[1] 可见，洛克完全否认理性思维在认识世界中的作用。这点与理性主义哲学思想完全不同，后者认为人们可以通过对先验知识的演绎推理在一定程度上认识世界。到了18世纪中期，经验主义开始向怀疑论演变，大卫·休谟（David Hume）对归纳推理方法提出了质疑，他认为归纳推理既不像演绎推理那样先验正确，又不能通过后天经验被论证为必然正确。所以，归纳论证的正确性受到质疑。人们接受归纳推理是一种动物本能的体现，并非基于充足的理由。休谟对归纳方法的怀疑导致自然科学在探求真理时面临着方法论上的困境，而实证主义的目的就在于修订归纳推理的缺陷。实证主义主张科学的真理性不在于通过对经验进行归纳而推导出理论，而在于建立一个理论之后，在理论的基础上进行演绎推理，并预测出可能产生的现象，然后通过实证来检验预测的准确性，最终对理论形成一种支持或反驳。[2] 通过这种实证主义的方法可以避免将理论建立在不可靠的归纳推理之上。因此，实证主义与经验主义、理性主义都脱不开干系，但从思想演变的角度来看，实证主义似乎与经验主义的关系更为密切。所以，有人将实证主义等同于经验主义，这种认识是不够全面的。

---

[1] 洛克. 论人权与自由 [M]. 石磊, 译. 北京：中国商业出版社, 2017：36.
[2] 休谟. 人性论 [M]. 贺江, 译. 台北：台海出版社, 2016：88.

虽然休谟的思想已经涉及实证问题，但实证主义的创始人是法国哲学家和社会学家奥古斯特·孔德。从19世纪30年代开始，孔德的《实证哲学教程》的各卷被陆续出版，这标志着实证主义的形成。孔德认为，科学本身是关于描述、推论和控制的问题，"科学家从观察到的一些事件入手，通过描述进而推断出一定的自然规律，而这些规律一旦被掌握，便可以反过来推测这些事件。最后，当目标为描述和推断所操纵时，科学规则便对自然的可能性作出了控制"❶。所以，孔德认为，真正的科学应该把可观察到的事件作为参考实体。相反，如果对无法观察的事件进行解释，科学便会沦落为宗教和迷信。后来，一些哲学家和科学家对孔德的思想进行了发展和修正。19世纪末期，出现马赫主义。恩斯特·马赫（Ernst Mach）认为，真正的科学是一种精细的现象，即某人感觉的精确描述，包括这个人从哪里发现的一些规律。❷因此，他反对将抽象的原则概念运用到物理学和化学中。到了20世纪30年代，实证主义与伯特兰·罗素（Bertrand Russell）和路德维希·维特根斯坦（Ludwig Wittgenstein）的基础数学相结合，形成了维也纳学派（逻辑实证主义学派），该学派以莫里茨·石里克（Moritz Schlick）和鲁道夫·卡尔纳普（Rudolf Carnap）为代表，主张以经验为依据、以逻辑为工具进行推理，用概率论来修正结论，但他们否认感性认识的积极作用，是真正的理性主义者。逻辑实证主义者同休谟一样意识到了归纳方法所存在的问题，希望通过逻辑工具或概率论的运用来解决这一困境，但进展缓慢。卡尔纳普本人最终转向了语义学的研究，维也纳学派由于石里克被刺杀等多种原因而最终解体。20世纪中期，奥地利裔英国哲学家卡尔·波普尔（Karl Popper）作为逻辑实证主义的继承者和替代者出现。波普尔是批判理性主义❸的创始人，他认为经验观察必须以一定的理论为指导，但理论本身又是可证伪的，因此应对其采取批判的态度。"所谓证伪主义，即认为科学方法可以完全建构在演绎推理之上，而科学

---

❶ 孔德. 论实证精神 [M]. 黄建华, 译. 北京: 商务印书馆, 1996: 22.
❷ 陈元晖. 反动的哲学流派: 马赫主义 [M]. 北京: 商务印书馆, 1972: 78.
❸ 批判理性主义是指主张证伪的科学哲学思潮。其由卡尔·波普尔提出, 思想来源是爱因斯坦的批判方法和康德的唯理主义。

的工作是通过寻找不符合理论的观察或实验现象对理论进行证伪。"❶ 波普尔的贡献在于针对归纳方法所存在的问题提出了不同的解决方案。他提出将"可证伪度"作为划分科学与非科学陈述的标准,而不是实证主义者所坚持的"可证实性",并以"问题—猜想—反驳"的"试错机制"代替"观察—归纳—证实"的"实证机制",为科学知识的进步作出了新的解释。后来,波普尔的学生拉卡托斯(Lakatos)提出了"精致证伪主义"❷,但这只是技术上的一种修正。所以,证伪主义仍然是现代科学的一个方法论基础。

通过前面的分析可以发现,无论是孔德的旧实证主义,还是卡尔纳普的新实证主义,甚至波普尔的证伪主义,无非是想弥补经验主义归纳方法所存在的缺陷,从本质上来看,都是对理论与经验之间关系的阐释:新、旧实证主义坚持经验对理论的证实原则;证伪主义则主张经验对理论的证伪原则。不管是证实原则,还是证伪原则,实际上都是对理论先验性存在的否定。这是实证主义者的核心主张,他们认为唯有确实根据的知识才是科学的,科学即实证知识,它是人类认识发展的最高阶段。实证主义者将这种思想从自然科学领域扩张到社会科学领域,认为每门科学都可以还原到次一级水平,试图建立一种统合的科学。针对实证主义者的这种"妄想",米塞斯提出了批评。米塞斯指出,实证论的错误不在于它在自然科学领域中的建树,而在于它在非自然科学领域的"妄想",即实证论方法的适用性是存在局限性的。米塞斯认为,人类的内在世界与外在世界之间存在一条"鸿沟",即外在事物如何作用于个人并形成思想观念是未知的。因此,不同领域应该有不同的研究方法:实证主义适用于自然科学领域,先验主义适用于人的行动科学领域。

---

❶ 波普尔. 猜想与反驳:科学知识的增长 [M]. 傅季重,等译. 上海:上海译文出版社,2005:23.
❷ 精致证伪主义:拉卡托斯的方法论学说,他认为波普尔的朴素证伪主义仅以实验事实证伪一个理论是不符合科学史事实的,如果一个新的理论系统能包容旧的理论并能解释旧的理论所不能解释的事实,那么旧的理论才能被证伪。

CHAPTER 2 ▶ **第 2 章**

经济分析的前提：
价值、价格与经济计算

第 2 章 经济分析的前提：价值、价格与经济计算

米塞斯的行动学研究人的行动，也就是研究人的有目的的行为。进一步说，行动学研究如何借助各种手段来达成人的既定目的。抽象的手段在现实中对应具体的商品，因此手段具有多样性。用多样化的手段来满足既定目的，必然涉及选择问题，而选择只有通过不同商品之间的比较才能实现，这就导向了价值问题。简单来说，行动背后是选择，选择背后是价值，所以价值问题是开展行动分析和经济分析的前提。❶ 由于商品的价值取决于它在满足人的目的时所起到的作用，而人的目的是各种欲望的满足，具有主观特性。所以商品的价值也是主观的，是人对商品使用价值的主观评价。商品价值的主观性使不同行动人对同一商品的评价出现差异，这就为交换提供了空间。交换的作用在于缩小不同行动人对同一商品的评价差异，偶然的交换活动并不能形成精确的交换率，只是当双方都感到满意时，交换便完成了。但是，当交换活动逐渐增加而趋于频繁时，不同经济商品之间的交换比例开始固定，即一件物品的"价格"由其他物品来表示，这是直接交换阶段。随后，商品货币特别是法定货币的出现，使得物品"价格"由货币表示，真正的价格便出现了，这是间接交换阶段。由此可见，价格是频繁交换的产物，反映商品的客观交换价值，是一种客观存在的宏观经济现象。价值是主观的个体评价，即主观使用价值；价格是客观的宏观现象，即客观交换价值的货币表现。两者之间通过自发的交换过程联系起来，交换过程即市场过程。至于经济计算，则是以价格为基础开展的活动，只有在市场价格存在时，才会有经济计算。经济计算的存在及其可能性是开展复杂经济活动的前提，如企业家生产活动中的成本利润核

---

❶ 在米塞斯的思想体系中，行动满足条件在可计算时便变成了经济问题，即经济学是行动学的一个分支。

算,也是健全市场经济不可缺少的环节。所以,价值理论、交换理论和价格理论是整个经济学的基础,是开展一切经济分析的前提,特别是价值理论,有什么样的价值理论就有什么样的经济学。

2.1 主观价值论

在米塞斯的大部分著作中,并没有专门的章节对价值问题进行论述,只是在他的早期著作《货币与信用原理》中的第2章用了不到10页的篇幅对价值度量展开过研究。但这并不代表米塞斯认为价值理论不重要,相反,他把价值理论视为整个经济学理论体系的基础,是开展经济分析的起点。从形式上来看,米塞斯把对价值问题的看法和观点融合进了对其他经济问题的分析过程中,比如:价值与目的和手段等行动范畴的关系(《人的行动:关于经济学的论文》第4章);价值与经济计算的关系(《人的行动:关于经济学的论文》第11章);价值与交换的关系(《人的行动:关于经济学的论文》第15章);价值与价格的关系(《人的行动:关于经济学的论文》第16章);价值与货币的关系(《人的行动:关于经济学的论文》第17章)。米塞斯之所以采用这种方式展现价值理论,可能是因为他觉得这样更能体现出价值与交换、价格、经济计算、货币等其他经济问题的密切关系,更能彰显价值认识的关键作用。

2.1.1 米塞斯之前的价值理论

门格尔作为奥地利学派的创始人,在其著作《国民经济学原理》中对价值问题进行过开创性的研究。首先,门格尔将价值定义为"一种财货或一种财货的一定量,在我们意识到我们对于它的支配,关系到我们欲望的满足时,为我们所获得的意义"❶。从定义中可以看出,门格尔把一种财货的价值视为这种财货对人的一种意义。当财货满足两个方面的条件时,这种财货才具有价值或者意义:一方面,这种财货必须是具体的财货,而不

---

❶ 门格尔. 国民经济学原理 [M]. 刘絜敖,译. 上海:上海人民出版社,2005:52.

第 2 章 经济分析的前提：价值、价格与经济计算

是整个财货种类，即财货是一定量的财货；另一方面，对这种财货的支配与人的欲望满足之间存在关系。在此基础上，门格尔进一步区别了经济财货和非经济财货：经济财货指的是对它的需求量大于支配量的财货；非经济财货指的是对它的需求量小于支配量的财货。而且根据价值的定义，由于对经济财货一定量的支配，对于人的生活和福利具有一定的意义，所以经济财货对人而言才具有价值。相反，对非经济财货的支配并不影响人的欲望满足，所以非经济财货不具有价值。为了对二者进行区分，门格尔引入"效用"的概念，"所谓效用，就是一物用以满足人类欲望的能力"[1]。门格尔认为效用是财货的一般前提之一，非经济财货只具有效用，不具有价值；经济财货不仅具有效用，而且具有价值。通俗来讲，前者有用但无限，后者有用且有限。经济学的研究对象只是经济财货。

门格尔进一步指出了价值的本质。经济财货虽然具有价值，但价值并不是经济财货的属性，也不是经济财货的附属物，更不可能独立存在。"财货的价值基于财货和我们欲望的关系，并不基于财货本身。这个关系若有变化，价值即随之产生或消灭。"[2] 所以，价值存在的基础是"关系"，而关系是否存在完全取决于个人对财货所做的一种判断，即财货支配影响欲望的满足。这种判断是主观的，存在于个人的意识或心智之中，绝对不可能是客观的、独立存在的实在物。所以，价值的本质或性质是个人对财货的一种主观判断，即价值是主观的。这是门格尔的重大贡献之一。随后，门格尔继续分析了价值的尺度，即如何比较价值。他首先指出：我们所支配的财货，不是其自身具有价值，而是这些财货在满足我们的欲望上具有意义，财货所具有的这种意义被我们意识到之后将其转移到我们所支配的财货上，即表现为财货价值。[3] 所以，财货价值是"意义"的一种显现，体现了财货在满足人们的欲望时所起到的作用，这种作用有大小之分，具体表现为不同财货之间的价值差异。人的欲望是主观的，因此不同

---

[1] 门格尔. 国民经济学原理 [M]. 刘絜敖，译. 上海：上海人民出版社，2005：56.
[2] 门格尔. 国民经济学原理 [M]. 刘絜敖，译. 上海：上海人民出版社，2005：57.
[3] 门格尔. 国民经济学原理 [M]. 刘絜敖，译. 上海：上海人民出版社，2005：58.

财货价值之间的比较也是主观的，即价值的尺度也具有主观的性质。价值和价值尺度的主观特性决定了门格尔对古典经济学的劳动价值论体系采取一种批判的态度，后者认为，生产一种财货所耗费的劳动量或其他生产资料量决定了这种财货的价值。门格尔指出，由生产角度入手的劳动价值论并不能合理解释自然界所提供的财货价值、资本利用的价值、劳动力本身的价值等。因此，门格尔相信，"低阶财货对于我们所具有的价值，绝不为生产它所用的高阶财货的价值所制约；相反，非常明显的，倒是高阶财货的价值，却常常而且是无例外地为其所产出的低阶财货的预期价值所制约"❶。简单来说，生产要素之所以有价值，只是因为它们为消费品的生产服务，生产与消费密不可分。这便是门格尔的价值归属理论，该理论完全颠覆了古典经济学的价值生产成本理论，后者认为生产与消费是两个独立的领域。但门格尔的价值归属理论存在一个潜在的假设：价值是一个数量或者至少是一种可转移的"东西"，即价值具有延展性是归属理论成立的前提，否则就很难理解价值从某一物品归属到另一物品上。这一假设前提把价值理论的发展导向了一个错误的方向，可能这并非门格尔的本意，门格尔的本意可能是想表达因果关系的传递。

维塞尔作为门格尔的学生，完全采纳了门格尔关于价值是一个数量的假设（一个由个人主观确定的数量），他在详细阐释门格尔归属理论的基础上，通过对价值本质的进一步推测给出了关于价值的两个新观点。首先，维塞尔提出了一个"假构"："无须涉及行为人的财富或收入也可以有意义地谈论价值。"❷ 他把这种价值称为"自然价值"，即独立于收入和财富的价值。消费品和资本品都具有自然价值，但后者的自然价值来源于前者的自然价值。其次，由于自然价值的特性，维塞尔认为商品的自然价值对所有人来说都是一样的，从这个意义上来说，自然价值是客观的。从维塞尔的这两个观点来看，他的自然价值理论对门格尔的"价值数量假设"

---

❶ 高阶财货指离最终消费品较远的财货；低阶财货指离最终消费品较近的财货。门格尔. 国民经济学原理 [M]. 刘絜敖，译. 上海：上海人民出版社，2005：81.

❷ 许尔斯曼. 米塞斯大传 [M]. 黄华侨，等译. 上海：上海社会科学院出版社，2016：256.

进行了抽象化和客观化处理，这样处理的结果就是切断了商品价值与任何具体的个人的行动之间的联系，逐渐偏离了主观价值论的门格尔传统。但维塞尔的理论重新定位了价值理论在生产与分配中的地位：古典经济学的代表穆勒主张价值理论不关注生产，只涉及分配；而维塞尔却认为，分配领域可不关注价值问题，但在生产领域，价值问题是核心问题，因为生产要素的使用必须以自然价值为依据，否则会造成资源浪费。维塞尔的自然价值理论在第一次世界大战之后，逐渐在学术界占据了主导地位，虽然也有一些反对意见，但都没有对其形成真正的威胁，所以他的价值理论对20世纪以后的经济学产生了持续的影响。

庞巴维克也是门格尔的学生，作为奥地利学派第二代代表人物，他虽然不同意维塞尔关于自然价值的"假构"，但他同样继承了门格尔价值归属理论中的假设，即价值是一种可转移的"评价"，甚至是延展的实体。庞巴维克对价值度量问题给出了自己的看法，使主观价值理论的发展更加偏离正确的方向。庞巴维克指出："在现实生活中，当我们不得不在几种满足中进行选择时，情形通常是：一方面是一种巨大的满足，另一方面是大量同质的较低程度的满足……"❶ 庞巴维克的结论是：作出的判断必须确定多少较低程度的满足能超过第一种情形下的巨大的满足，或者换句话说，第一种情形下的巨大满足超过第二种情形下的任何一种较低程度的满足多少。庞巴维克对两种欲望满足程度的比较实际上是对两种效用的比较，他主张只有精确的比例关系才能使人作出选择，而仅仅做孰大孰小的粗略判断并不能帮助人作出选择。他的这种观点存在一定的局限性，即忽略了满足或效用的多变性，也就是说，每单位商品或服务所带来的满足程度是不同的。例如，消费10个苹果所带来的满足程度肯定不是消费1个苹果所带来的满足程度的10倍，而是小于10倍。所以，庞巴维克的结论成立需要一个假设前提：许多单位商品共同提供的满足程度等于一单位商品所提供的满足程度乘以其数目。依照边际效用理论先驱赫尔曼·海因里

---

❶ 米塞斯. 货币与信用理论［M］. 孔丹凤, 译. 上海：上海人民出版社, 2018：156.

希·戈森（Herman Heinrich Gossen）❶ 的需求法则，这个假设并不能很好地成立。所以，庞巴维克所要求的不同满足之间的精确比较与边际效用递减规律并不一致，后者认为商品的边际效用随着供给的增加而减少。但不管是庞巴维克的效用精确比较理论，还是边际效用学派的粗略比较理论，实际上都主张效用的可度量性，这点与主观使用价值的观点相冲突。❷

美国经济学家欧文·费雪（Irving Fisher）❸ 试图用数学方法解决价值或效用的衡量问题。费雪首先假定一种特定商品或服务的效用依赖于该商品或服务的供给，但独立于其他商品或服务的供给，即商品或服务对欲望的满足是相互独立的，不存在相互影响。他从边际效用递减的角度出发：一个人在拥有不同数量（如两个）的同一种商品（如面包）时，会有两种不同的边际效用（数量少时，边际效用较大；数量多时，边际效用较小）。费雪为确定这两种边际效用的比例关系而引入了另外一种独立的商品（如石油）的效用，以衡量上述两种边际效用。进而，他得出了自己的结论，即两种边际效用之间存在确定的数学比例，并推导出一个称作"util"的单位。❹ 将费雪的观点与庞巴维克的观点进行对比，可以发现：庞巴维克似乎主张两种不同商品的总效用之间可以确定精确的比例关系；费雪似乎主张一种商品的两种不同数量对应的两种边际效用可以确定精确的比例关系。由此可见，庞巴维克和费雪的观点在本质上是一致的，即效用是可以

---

❶ 赫尔曼·海因里希·戈森，1810—1858，德国经济学家，边际效用理论的先驱，1854 年出版《人类交换规律与人类行为准则的发展》。

❷ 价值，即主观使用价值，是个人对商品的有用性与欲望关系的主观评价；交换价值是在交换发生时，商品的价值表现。所以，无交换时，主观使用价值代表商品价值；有交换时，交换价值代表商品价值。价格是交换价值的货币表现。使用价值是主观的，交换价值和价格是客观的，使用价值和交换价值是不能度量的。效用是所有资源具有的特性，即满足人类欲望的能力。当资源变为经济资源时，资源的效用才会变成主观的使用价值，主流经济学中的效用一般指商品的效用，即经济资源的效用，可视为使用价值，但奥地利学派经济学家一般不使用"效用"一词，而强调主观使用价值，因为他们认为"效用"一词包含心理学成分，而奥地利学派认为经济学研究的是选择，而不应该研究心理学。

❸ 欧文·费雪，1867—1947，美国经济学家、数学家，经济计量学的先驱者之一，美国第一位数理经济学家，耶鲁大学教授，主要贡献是货币理论原则。

❹ 米塞斯. 货币与信用理论 [M]. 孔丹凤，译. 上海：上海人民出版社，2018：13.

度量的。只是费雪运用了数学的方法，而且引入了一个度量效用抽象单位，从这点可以看出，费雪更加偏离主观使用价值理论，也说明他是主流经济学派的一员。

在庞巴维克和维塞尔之后，经济学界很少有人再主张门格尔主义传统，当然，米塞斯是门格尔思想坚定的捍卫者。在当时的维也纳经济学家中，约瑟夫·熊彼特是一位引人关注的人物，他与米塞斯年龄相当（比米塞斯小两岁），并取得了令人瞩目的成绩：26岁就成为奥地利最年轻的政治经济学教授；出版多本著作，如《经济发展理论》《资本主义、社会主义与民主》；曾任财政部部长和银行行长。他也是庞巴维克研讨班上的学生，因此有人认为，熊彼特也是奥地利学派的典型代表，这恰恰是对他最大的误解。熊彼特是典型的实证主义者，他相信只有一种方法可以获得知识，那就是对外部世界的观察，他的思想与弗里德曼等主流经济学家更为相似。在价值理论方面，他认为"探寻人类价值判断的心理学或生物学原因是多余的，经济学分析可以整个建立在价值判断的形式特征之上，即边际效用递减规律"[1]。所以，熊彼特对究竟什么是价值根本不关心，无论价值取决于主观评价还是生产成本，对于经济分析来说都无关紧要，而且他觉得主观价值论只是一种解释功能更强的假说而已。熊彼特曾经提出一个公式来计算商品存量的总价值，即每个部分乘以与它在价值等级表中所处位置对应的指标，然后将这些结果加总或合并。[2] 从熊彼特的观点来看，他与实证主义经济学更为"亲近"，他犯了与主流边际效用理论同样的错误：需要一个价值衡量指标来比较不同的价值。但价值比较或评价的本质根本不是两个"价值数量"的比较，而是两个"需求重要性"的比较，需求或欲望的个体主观性决定了价值是绝对不能度量和加总的。

综上所述，门格尔的价值理论是主观性最强的理论：他强调价值的"意义"的主观性、价值尺度的"欲望"的主观性。对于价值归属理论，门格尔的本意可能是想强调消费品（低阶商品）在价值理论中的决定性作

---

[1] 许尔斯曼. 米塞斯大传 [M]. 黄华侨，等译. 上海：上海社会科学院出版社，2016：101.
[2] 米塞斯. 货币与信用理论 [M]. 孔丹凤，译. 上海：上海人民出版社，2018：15.

用（因为低阶商品离"欲望"或"需求"最近），而资本品的价值从属于消费品的价值，这是一种彻底的主观主义的表现。他想表达的是价值决定因果关系的归属，而不是某种"东西"的转移。后来的经济学家纷纷作出了错误的解读：维塞尔把价值抽象为自然价值，一种与具体个人无关的客观存在；庞巴维克则进一步把效用或主观使用价值当成一种可精确确定比例关系的"东西"来对待；主流经济学的费雪更是认为两种边际效用之间的比例关系可进行数字化确定，并创造了一个价值的衡量指标"util"；熊彼特虽出身于奥地利学派，但他的主张完全属于实证主义派别。所以，由门格尔开创的主观价值论传统逐渐消失殆尽，直到米塞斯——一位坚定的门格尔主义的捍卫者的出现，才开辟了一条完全不同的经济学分析的道路。

2.1.2 米塞斯的价值理论

虽然米塞斯是庞巴维克的学生，也是庞巴维克研究班的忠实拥趸，但对米塞斯产生重要影响的却是门格尔的《国民经济学原理》。米塞斯虽然受到门格尔思想的重要影响，但他们两人的价值理论其实具有不小的差异。门格尔将商品的价值界定为该商品对人所具有的一种意义，这种"意义"是由个人的主观意识决定的，而且可以被转移到商品上。可见，门格尔对价值的理解具有主观主义特点，表现为个人意识所作出的判断，而这种判断以一种主观因素为前提，即关于财货支配（即手段）与欲望满足（即目的）之间的因果关系，但门格尔并没有重点关注这个主观因素。相反，门格尔将价值视为单个经济财货自身的特性，并且过于强调价值的可转移性，即他的价值归属理论。门格尔的这一倾向导致后面的维塞尔、庞巴维克等人对价值问题逐渐偏离了主观价值论，把价值当作一种与具体的行动人相脱离的客观存在，一种可进行度量的"效用"。

奥地利学派第三代代表人物米塞斯把奥地利学派经济学的价值理论建立在一个全新的基础之上。米塞斯认为，现代价值论与客观价值论完全不同。"它把价值看作具有消费需求或要配置各种商品以实现其最佳利益的人们赋予每个商品单位的重要性。"❶ 从定义来看，米塞斯把价值视为一种重要性，这与门格尔的定义似乎区别不大，但米塞斯却做出了完全不同的阐释。与门格尔强调财货自身的价值特性不同，米塞斯认为，"价值总是价值评价过程的结果……价值评价过程就是比较两组商品的重要性。进行价值判断的个人和被评价的商品组合，也就是说，价值评价的主体与客体，作为不可分割要素必须进入任何给定的价值评价过程"❷。米塞斯认为，在价值评价过程中，物的因素与人的因素都是不可或缺的。首先，对于物的因素，米塞斯指出，价值评价的对象必须是"一定量"的商品，而不能是商品的整个供给。正如他所说："在一个以私有制为基础的社会秩序中的经济行动绝不是整个人类的行动，而总是个人的行动，而且，它一般也不以支配某种物品的整个供给为目标，而仅仅是以利用某一部分为目标。"❸ 这体现了米塞斯理论的方法论特点：注重个体分析和边际分析，而不是总体分析和总量分析。具体到价值理论就是，主张决定价值等级高低的不是不同种类需求的抽象的重要性，而是特定需求的强度。简单来说，"经济行动总是仅仅针对利用一种物品的一定量"❹。正是现代经济的这一认识解决了价值悖论❺。其次，米塞斯似乎更注重价值评价过程中"人"的因素，即从人的行动的角度去理解价值问题。

所以，米塞斯在定义一件商品的价值时，不是像门格尔那样去发现特殊"意义"，而是通过行动人对商品的比较和选择来界定，即人的行动反映了人对商品重要性高低的评价。但是，米塞斯认为经济学并不研究选择背后的动机，而是研究选择本身。从这点来看，米塞斯是同意熊彼特的观点的，即认为价值问题与满足感或其他感觉无关，它不涉及心理学领域，而只涉及选择问题。因此，在米塞斯的观念中，价值是序数性的，是不可

---

❶ 米塞斯. 货币与信用理论 [M]. 孔丹凤，译. 上海：上海人民出版社，2018：10.
❷ 米塞斯. 货币与信用理论 [M]. 孔丹凤，译. 上海：上海人民出版社，2018：15-16.
❸ 米塞斯. 经济学的认识论问题 [M]. 梁小民，译. 北京：经济科学出版社，2001：166.
❹ 米塞斯. 经济学的认识论问题 [M]. 梁小民，译. 北京：经济科学出版社，2001：167.
❺ 价值悖论，即钻石与水的悖论，钻石对于人类维持生存没有任何价值，而其市场价值非常高；相反，水是人类生存的必需品，但其市场价值却非常低。这种强烈的反差就构成了这个悖论。

度量的；是一种关系，而不是一个数量；是通过人的行动来体现的，不是凝结于商品之中的。米塞斯对价值的独特理解，实际上借鉴了前人的观点：一是格奥尔格·西美尔和约瑟夫·熊彼特的观点，这两位经济学家将经济行为的本质界定为交换，人每次行动的目的都是"换得"一个较好的状态。米塞斯认为，人的行动的这一本质特征同时也是价值现象的基础。二是弗朗茨·丘赫尔的观点，他强调："价值只是经济财货之间的一种纯粹的序数关系，总是无法脱离由具体的个人、时间和地点组成的环境。"❶由此，可以总结出价值的含义和特点：价值是赋予商品的重要性，通过人的行动（比较或选择）体现出来，具有主观特性。

为了认清价值的本质及其影响，米塞斯一方面借鉴了前人的经济学洞见，另一方面运用了一种特殊的方法。米塞斯认为，"现代价值和价格理论要揭示的是：个人的选择以及他们对事物的喜恶取舍，在人际交换领域是如何导致市场价格的出现"❷。米塞斯的行动学以人的行动为研究对象，所以必须把复杂的市场现象追溯至不可拆解的"极据"，也就是个人"取a舍b"的选择。为了分析价值决定和价格形成的过程，米塞斯认为必须引入一种假构（imaginary constructions），这种假构在现实中并无严格的对应物，它只是一种不可或缺的思想工具。所谓假构，是一种想象的市场结构，"在此结构里，所有的交换都是以物易物的直接交换，其中不存在货币；商品和服务是在讨价还价的基础上直接交换的"❸。

由于商品价值是一种主观评价，不受任何度量影响，它会因人、因时、因地而异。因此，每个人都会有一份极其复杂的比较清单，即价值等级表，这一清单只在特定的时点成立，如果个人的情况发生变化，它也会发生变化。在现实生活中，我们做决策时需要的往往不是全部商品的比较，而是两种商品之间的对比。除了个人形成的价值等级表，经济活动不

---

❶ 许尔斯曼. 米塞斯大传 [M]. 黄华侨，等译. 上海：上海社会科学院出版社，2016：259.
❷ 米塞斯. 人的行动：关于经济学的论文 [M]. 余晖，译. 上海：上海人民出版社，2013：225.
❸ 米塞斯. 人的行动：关于经济学的论文 [M]. 余晖，译. 上海：上海人民出版社，2013：225.

第 2 章 经济分析的前提：价值、价格与经济计算

存在其他评判的基础，当两个商品单位在两个人的价值等级表中所处的顺序不同时，交换就会发生。可见，交换的发生是以不同个人对商品重要性的评价不同为前提的，即商品价值存在差异，否则交换就不会发生。所以，价值与交换的关系是：价值是原因，交换是结果；交换行动是价值评价的外在表现。交换的作用在于缩小不同个人对同一商品评价的差异，偶尔的物物直接交换并不能形成所谓的价格。只有当交换足够频繁时，不同商品之间的交换比例才会逐渐固定下来，一件商品的"价格"由其他物品来表示，这时所确定的交换率（即价格）是一种粗略的比例，并不精确，这也是直接物物交换的典型特征。假构的物物直接交换有利于我们认清价值的本质及其影响。但由于这种假构排除了间接交换阶段的货币作用，所以就导致了一种对"货币即交易媒介"的误解：交易媒介仅仅是一个中性因素，货币参与交易并不影响商业交易的特征。这是主流经济学货币数量论学说成立的基本前提，后者认为，"假定其他事项不变，物价一般水平之高低、涨跌同货币数量之多少、增减成正比而变动"❶。此外，米塞斯认为，直接交换的假构导致了另一个更为有害的谬误：价值被视为客观的，是固存于这些物品之中的一种特性，而非表达个人急于获取它们的一种渴望。❷ 按照客观价值论，如果商品价值被视为客观的存在，交易被看作同等商品的相互交换。那么，在交易之前，就必须先度量每种进行交易的商品所包含的价值总量，而货币被当作价值尺度来使用。相反，按照主观价值论，商品的价值被视为主观的评价，交易的产生恰恰是因为不同的人对所要交换的商品评价不同。人们之所以购买，只是因为他们对放弃的物品的估价低于所换得的物品的估价，这是一种完全主观的过程，因此价值度量的观念是无效的。由此可见，不同的价值理论产生了不同的交换理论，而米塞斯的交换学或经济学是以其独具特色的主观价值论为基础的。

---

❶ 弗里德曼. 自由选择 [M]. 张琦, 译. 北京：机械工业出版社, 2023：58.
❷ 米塞斯. 人的行动：关于经济学的论文 [M]. 余晖, 译. 上海：上海人民出版社, 2013：227.

2.1.3 米塞斯与劳动价值论

米塞斯作为庞巴维克的弟子，继承了庞巴维克对劳动价值论的观点和态度。庞巴维克的主张主要有三点：第一，某些来源于自然界的交换物品，如未开垦的土地、各种矿产等，虽然与劳动无关，却具有极高的交换价值和价格，而劳动价值论对此无法作出合理的解释；第二，《资本论》曾引用威廉·配第"劳动是财富之父，土地是财富之母"的观点，而马克思认为商品是自然物质和劳动相结合的产物，所以，劳动不可能是价值的唯一源泉；第三，商品的交换价值与其中包含的劳动量并不相等，而是一种忽高忽低的波动关系，这种关系是由供求关系导致的。❶ 米塞斯认为，对资源进行有效配置的前提是经济计算的可能性，而社会主义以劳动价值论为基础，即以劳动多少作为判定商品价值高低的标准。"劳动计算理论的缺陷是它忽视了劳动质量的差别。在马克思看来，所有的人类劳动在经济上是同质的，只是人类的脑、肌肉、神经、手等等的生产性耗费；复杂劳动只是多倍的简单劳动；复杂劳动可向简单劳动转化……解答把劳动作为经济计算基础的可能性这一问题，说到底取决于是否能够无需消费者对产品的评估，而把各种不同的劳动简化为一个统一的尺度。"❷ 对庞巴维克和米塞斯的"发难"，马克思主义学者认为，马克思所说的劳动是一种抽象的劳动，是各种类型劳动的共性，而各种类型的劳动在他们看来包括简单劳动与复杂劳动、体力劳动与脑力劳动、死劳动和活劳动。❸ 通过对劳动概念的抽象化处理，马克思主义学者似乎解决了米塞斯提出的问题，但这种处理方法实际上将商品价值的决定性问题"神秘化"和"客观化"了，抹杀了个体劳动之间的差异性。这点与米塞斯对价值的理解截然不同，后者强调商品价值决定的主观性和个体性。米塞斯认为，"价值判断是人类随意性的产物。它反映着判断者的一切缺点和弱点……价值永远是

---

❶ 庞巴维克. 资本实证论 [M]. 陈端，译. 北京：商务印书馆，1995：298.
❷ Mises, L. V. Socialism, Liberty Fund, 1981, p115.
❸ 马克思理论中的活劳动是指物质资料的生产过程中劳动者脑力和体力的消耗过程。死劳动是指凝结在劳动对象中，体现为劳动产品的一般人类劳动。

相对的、主观的和人为的,根本不可能是绝对的、客观的"❶。

马克思与米塞斯的劳动价值论之所以会存在差异,原因在于二人对商品价值问题分析的视角不同:马克思继承了古典经济学传统从生产者角度或投入角度出发来寻找商品中的"不变"因素,从本质上来看,马克思似乎认为商品"市场化"的过程从生产阶段就已经开始;相反,米塞斯则是基于新古典经济学,从消费者角度或需求角度出发来研究商品价值问题,而且发现并不存在决定商品价值的"不变"因素,价值完全是一种因人而异的主观评价,商品"市场化"的过程作用于交换阶段,并由此产生了客观的价格。实际上,价值理论与所有制之间存在着一一对应关系:客观劳动价值论与生产资料公有制比较协调,因为公有制似乎更有利于发现一般化的劳动;而主观价值论与生产资料私有制更为匹配,因为私有制带来了更多的差异性,这与价值的主观特性更为适应。

2.2　价格

2.2.1　间接交换与价格形成

通过直接物物交换情境的假构,可以发现价值与交换之间的关系,以及交换的发生机制,但这种抽象的逻辑分析只适用于非常简单或原始的人类社会,如原始社会中的部落生活。所以,在现代的人类生活中并没有与这种直接交换阶段相对应的社会状态。随着交换的发展,直接交换转入间接交换阶段。后者与前者相比,加入了交换媒介,交换媒介将原始的物物直接交换分割成买和卖两个阶段,降低了直接交换的交易成本(如搜寻交易对象的成本、交易时的谈判成本等),极大地提高了人际交换的效率。最初的交换媒介是一些为大家所共同认可的物品,如牲畜、盐、稀有的贝壳、宝石等不容易大量获取的物品。每一单位商品的客观交换价值都可以

---

❶ 米塞斯. 官僚体制与反资本主义心态 [M]. 冯克利,姚中秋,译. 北京:新星出版社,2007:31.

用这些交换媒介来表示，所以可以把这样的交换媒介称为"实物货币"，即以自然界中存在的某种物品或人们生产的某种商品充当货币，它的具体形态根据不同区域自然资源和人们的生活方式而各不相同。

实物形态的货币作为交换媒介虽然可以降低交易成本、提高交换效率，但仍旧存在一些不足，如携带不便、不易切割、适用范围有限。随着生产力的发展和交换范围的进一步扩大，金属货币逐渐取代实物货币而成为主要的货币形态。金属与实物相比具有诸多优势，如易于携带、易于切割、易于储存，但金属货币的数量受制于金属的储量和开采量。所以，当金属货币的数量难以满足大量商品交换的需要时，由政府或银行发行的代用货币开始出现，这种货币是用来代替金属货币流通和支付的纸质货币，其印刷成本极低，与金属货币相比，更易于携带、储存，而且代用货币仍旧与金属货币挂钩，可随时向发行单位兑换成金属货币。代用货币本身所具有的局限性，即政府的扩张本性，导致了信用货币的产生。信用货币是以信用为基础创造和发行的货币，这种货币与金属已经完全脱钩，完全取决于发行单位的意愿。目前世界各国发行的货币基本都属于信用货币。由此可见，间接交换的发展过程实际上是交换媒介不断更迭的过程：从实物货币到金属货币，再到代用货币，最后到信用货币。每一个给定的单位商品的客观交换价值都可以用交换媒介（即货币）来表示，这就是商品的价格。这种价格是"真正"的价格，与直接物物交换阶段的价格有本质的不同：后者是用其他商品来表示的，而不是用特殊的货币表示。所以说，商品的价格是交换价值的货币形式。

2.2.2 价值、交换与价格

交换的可能性，不管是直接交换还是间接交换，导致个人对商品的评价不再单纯地取决于该商品对个人的主观使用价值大小，而且与该商品的客观交换价值相关。正如米塞斯所说："交易机会导致个人对其价值等级表进行重新排序……商品在个人价值等级表所处的位置不再只由他们自己的主观使用价值来决定，而且也由他们能够交换到的商品的主观使用价值来决定（当这个人认为后者的价值高于前者时）。"❶ 那么，商品的价值究竟如何决定呢？结合前面对米塞斯价值观念的阐释，可以作出如下的理解：在没有交换（这里的没有交换是指个人的主观认知，即个人觉得没有交换，即使交换已经客观存在）时，商品的价值完全由主观使用价值决定；在有交换（只要个人认识到交换存在，不管交换实际发生与否）时，商品的价值由该商品的主观使用价值与客观交换价值比较决定。如果前者较大，则商品的价值由主观使用价值决定；如果后者较大，则商品的价值由客观交换价值决定。但这里要注意避免一种误解，即商品的价值如果由客观的交换价值决定，那么价值便具有客观特性。因为按照米塞斯对价值的定义，价值总是价值评价过程的结果，即比较两组商品的重要性。所以，即使商品的价值由客观交换价值决定，本质上也是两组商品主观使用价值比较的结果（该商品本身与该商品能交换到的其他商品之间的比较）。因此，商品的价值无论交换存在与否，从本质上来看都是个人对商品重要性的一种评价，具有主观性特点。

　　交换的发展使个人对商品的评价不仅要考虑主观使用价值，而且要涉及客观交换价值。为了能够对不同商品进行比较排序，个人的价值等级表必须越来越精细化，这就必然要求对价值的评估技术进行修正。如果单纯地以主观评价为依据对商品进行排序，将无法实现价值等级表的精细化。而每种商品的交换价值都可以用货币来表示的可能性，使货币也成为价值表示的媒介。也就是说，货币不仅用来表示商品的客观交换价值，也用来表示商品的主观使用价值（二者不一定相等）。例如，同一件商品的客观交换价值用货币表示可能是 100 单位，而该商品对个人来说的主观使用价值用货币表示可能是 1000 单位。所以，主观使用价值的货币表示是通过与客观交换价值的比较来实现的。因此，如果个人想通过交换从其拥有的资源中获得最大化效用或满足，就必须追随市场上的每一次变化，掌握所有商品的价格，以及时改变自己的主观使用价值和客观交换价值等级表。作为一般交换媒介的货币能够帮助个人实现这一目标，因为市场能够使商品

---

❶ 米塞斯. 货币与信用理论［M］. 孔丹凤，译. 上海：上海人民出版社，2018：17.

变成货币，使货币变成商品。而货币对客观交换价值和主观使用价值的表示同样会导致一种严重的误解：客观交换价值是可以度量的，而货币是衡量交换价值的尺度。对此，米塞斯说："客观交换价值也是不可度量的，因为它是个人价值评估比较的结果。每一个给定商品单位的客观交换价值可以用其他任何一种商品的单位来表示……每种商品都有一个用货币来表示的价格，每种商品的交换价值可以用货币来表示。"❶ 所以，米塞斯认为，商品的客观交换价值本质上是该商品与其他多种商品进行重要性比较的结果，是个人主观上的评价，因此是不可度量的（价值是比较的结果，只能排序）。而用货币来表示商品的交换价值，并不意味着货币具有度量交换价值的职能。人们之所以会产生货币价值尺度的"幻觉"，源于货币能够购买的各种商品，因为这些商品才是特定商品交换价值的真正体现。货币产生于交换的演化发展过程，它的本质是一种交换媒介，是一种方便交换的工具，而不是任何商品的价值尺度。

由此可见，不管交换存在与否，商品的价值都是个人对其使用价值的评价及比较，是属于个体层面的概念，具有主观特性。而商品价值的主观性决定了它的差异性，这就为交换提供了可能性，通过交换，个体可以在现有的资源约束条件下实现更高的效用或满足水平。交换的过程本质上是市场过程，是无数个体之间相互作用的过程。随着交换的发展，商品个性化、主观性的价值逐渐被一般化、客观性的价格所取代。商品价格是客观交换价值的货币形式，它的客观性是不同个人对同一商品的不同主观评价相互作用的结果。每个人的买卖行为都会对价格产生一定的影响，但市场越大，个人的影响就越小。所以，价格对于个人来说是一种客观存在，它是市场过程的产物，是一种客观经济现象。简单来说，价值是一个微观个体概念，具有主观随意性；价格是一个宏观总体概念，具有客观非随意性，而交换是两者之间联系的纽带。

---

❶ 米塞斯. 货币与信用理论 [M]. 孔丹凤, 译. 上海：上海人民出版社, 2018：17.

2.2.3 消费品价格与生产要素价格

通过上面的分析，我们知道商品的价格（即消费品的价格）是在交换过程中形成的，是市场过程的产物，而生产要素价格实际上也是市场过程的产物，与消费品价格相伴而生。因为，"市场过程是连贯而不可分的。它是行动和反应，运动和反动的一个不可分割的网结体"❶。我们人为地把它分成几个部分进行分析，目的在于能够更清楚地认识事实的真相，这只是一种必要性的"假构"。在现实经济中，价格的决定绝非如此。米塞斯认为，"高阶商品的价格最终取决于初阶或最低阶商品的价格。因为这种依赖关系，它最终由所有市场参与者的主观评价来决定。然而认识到这一点很重要：我们面对的是相互关联的价格而非相互关联的评价"❷。米塞斯对不同商品的描述采用了门格尔的方法：把离最终消费品较远的财货或商品称为高阶财货或商品，而把离最终消费品较近的称为低阶财货或商品，最终消费品则称为初阶财货。可见，米塞斯认为，生产要素的价格取决于消费品的价格，而消费品的价格由所有市场参与者的主观评价决定。如果按照这种逻辑推理关系，那么，生产要素的价格最终是由市场参与者的主观评价决定的。这类似于门格尔的价值归属理论，为了避免产生误解，米塞斯特别指出，"生产要素的价格只与消费品价格相关联。它们与个人的评价只发生间接的联系，也即通过消费品（利用它们而生产出来的产品）的价格而发生联系"❸。由于消费品的价格是由无数市场参与者对商品的主观评价相互作用而形成的，是一种客观的社会现象，个人无法改变。所以生产要素的价格取决于消费品的价格，本质上取决于消费品在市场中的受欢迎程度，而与个人的主观评价并无直接联系。因此，我们重点分析

---

❶ 米塞斯. 人的行动：关于经济学的论文 [M]. 余晖，译. 上海：上海人民出版社，2013：357.

❷ 米塞斯. 人的行动：关于经济学的论文 [M]. 余晖，译. 上海：上海人民出版社，2013：357.

❸ 米塞斯. 人的行动：关于经济学的论文 [M]. 余晖，译. 上海：上海人民出版社，2013：357.

的是客观的价格，而不是主观的价值。

米塞斯认为，"市场以决定消费品价格的同样方法决定生产要素的价格。市场过程是着力解除不适之感的人们之间的相互作用，思考市场过程而又不涉及市场的操作者，那是不可能的事情"❶。消费品市场的操作者是无数的消费者，生产要素市场的操作者是无数的企业家。我们在分析间接交换与商品价格形成时发现，消费者对商品的主观评价的差异性是交换行动产生的前提，无数消费者为消除不适之感或追求更高的满足程度而不断进行交换和相互作用，促进市场运行，最终形成消费品价格。生产要素市场中的企业家与消费者的行为模式非常相似，但也存在差异。❷

首先，企业家会对各种生产要素未来能够生产出来的消费品价格进行估价。米塞斯认为，必须将企业家的"估价"与消费品的"评价"严格区分开来。"估价决不依赖于估价者的主观评价。他并不在意有关商品的主观使用价值，而在意对未来市场决定价格的预测。评价是一种价值判断……是要对那些消除不适之感的各种方法进行比较。"❸ 所以评价是个人内部世界的产物，而估价则是外部世界（即市场）的产物。企业家的估价源于他对未来一些不确定情况的判断，而判断的依据是企业家本身具备的知识和能力，所以估价同样具有多样性。其次，与消费者追求效用或满足最大化不同，企业家追求的是利润，即生产要素的市场价格与预期的产品价格之间的差异。在要素市场中，一方是以获利为己任的企业家，另一方是生产要素的所有者。企业家为了获取生产要素和可能的利润，会竞争性地抬高生产要素的价格，他受到的约束是其预期中未来的产品价格（也就是企业家做出的估价），最终交易可能成功，也可能失败。单个的成功交易会形成一个个性化的价格，无数的成功交易便会形成一个市场化的生产

---

❶ 米塞斯. 人的行动：关于经济学的论文 [M]. 余晖, 译. 上海：上海人民出版社, 2013：359.

❷ 在奥地利学派的理论中，企业家更多地被当作一种精神或一种功能，是一种抽象概念，不特指具体哪些人，任何人都可以是企业家。

❸ 米塞斯. 人的行动：关于经济学的论文 [M]. 余晖, 译. 上海：上海人民出版社, 2013：355-356.

第 2 章　经济分析的前提：价值、价格与经济计算

要素价格。

通过对消费者价格和生产要素价格形成过程的分析，可以发现消费者和企业家在市场过程中所起的不同作用：消费者的欲望具有多样性，而每个企业家可能服务于其中的一种或一个方面；消费者在约束条件（资金限制）下，存在各种提高其效用水平（或欲望满足水平）的"可能"，而企业家之间的竞争本质上就是提供"可能"的竞争；消费者是否购买产品，决定了生产这些产品的生产要素的价格，而由企业家之间的竞争导致生产要素价格形成的过程反映了消费品的价格；消费者决定生产要素的用途及用量，而企业家之间的竞争决定了消费者的影响是否有效。消费者与企业家在市场过程中扮演了不同的角色，共同推动着各种资源的有效流动。正如米塞斯所说："市场过程是一个社会过程。它是由社会所有成员间的相互作用而完成的。在社会分工的整体框架内，每个人就其选择的特定岗位与他人通力合作。大家在合作中竞争，在竞争中合作，由此产生以下共同的结果：市场的价格结构、按各种欲望满足的途径配置生产要素，以及决定每个人的收入份额。"❶

2.3　经济计算

在米塞斯的行动学思想体系中，人的行动被界定为一种有目的的行为，而人的目的往往是消除不适感或追求更大的满足。所以，行动的本质是改变与变化，以一种自认为"好"的状态取代"坏"的状态，即不同状态之间的交换。米塞斯认为这是人的行动的本质特征，而且他把交换分为自给交换和人际交换两种类别。

所谓自给交换，"如果某种行动完全由一个人在不与他人合作之下独立完成，就可以称之为自给自足。例如：某一位孤立的猎人为自我消费而

---

❶ 米塞斯. 人的行动：关于经济学的论文［M］. 余晖，译. 上海：上海人民出版社，2013：361.

捕杀一只猎物，即是用其闲暇和弹药换取食物"❶。可见，自给交换实际上是一种特殊的人的行动，它是完全"自涉"的。在自给交换的行动中，行动人不与他人发生任何联系，只是对自己拥有的各种资源（包括具体物品的和抽象的时间）进行使用和调整，以改变资源的存在形态，最终提高个人的效用水平。在这一过程中，指导行动人作出各种选择，即为获得某物而舍弃某物的原则是行动人自身对各种物品的主观评价，而不涉及"客观"的比较。

所谓人际交换，"在一个社会里，合作使人际间或社会的交换得以取代自给交换。人们给出其有，是为了换取其无。由此产生了人际间的相互关系。人们利他原是为了利己"❷。在价格的形成中，我们把交换分为直接交换和间接交换，区分标准是有无交换媒介来充当一般等价物，而价格源于间接交换的发展。在这里，交换被区分为自给交换和人际交换，其标准是交换的范围是"自涉"还是"他涉"，而分工实际上源于人际交换的发展。

前一种划分主要从商品的角度出发，解释商品价格的形成过程，属于交换方式方面；而后一种划分主要从行动人的角度出发，解释了分工的发展，属于交换范围方面。无论是间接交换还是人际交换，都是比直接交换和自给交换更为复杂的阶段，只是划分的标准不同。在人际交换中，指导行动人作出各种选择的原则发生了变化，它不再是个人对物品的主观评价，而是对交换前后两种状态的客观比较，即成本与收益孰大孰小。因此，人际交换中必然涉及经济计算，而经济计算只能是基于商品价格的，而不能是基于商品价值的，因为价值本质上是一种比较、评价，不能度量；而价格是一种用货币表示的客观存在，是可以计算的。正是通过经济计算，行动人才能理性地作出各种有目的的行为。米塞斯说："在分工的

---

❶ 米塞斯. 人的行动：关于经济学的论文 [M]. 余晖，译. 上海：上海人民出版社，2013：213.

❷ 米塞斯. 人的行动：关于经济学的论文 [M]. 余晖，译. 上海：上海人民出版社，2013：213-214.

第 2 章 经济分析的前提：价值、价格与经济计算

社会体系里，货币计算是行动的'北斗星'。它是生产者的指南针。它计算，是为了把有益的生产方法与无益的生产方法区别开来，是为了把主权消费者所喜所恶的东西区分开来。企业活动的每一步骤都必须经由货币计算的检验。"❶

米塞斯的经济计算问题主要是针对全面实施计划经济的社会主义制度而提出的，并由此引发了一场持续20多年的大争论，这场争论对奥地利学派具有重要意义，不仅提高了该学派在国际学术界的声誉和地位，而且逐渐塑造出新奥地利学派的鲜明特征：市场过程理论、基于知识论的自发秩序原理。这些特征与新古典经济学对市场的理解完全不同，为我们认识经济问题提供了一种不同的思路。在19世纪末和20世纪初，欧洲大陆存在着各种各样的社会主义思潮，这些思潮不仅体现在某些执政党的理念中，而且体现在一些经济学家的观点中。首先，马克思主义的创始人之一恩格斯说："一个产品中所包含的社会劳动量，可以不必首先采用迂回的途径加以确定；日常的经验就直接显示出这个产品平均需要多少数量的社会劳动。"❷可见，恩格斯认为社会主义社会并不存在经济计算或配置资源的问题或困难，因为"日常的经验"就可以解决这一问题。但恩格斯的看法存在以下问题：一方面，"经验"具有极强的主观性，那么应该采用谁的经验来衡量产品中的劳动呢？另一方面，如何界定产品中的社会劳动多或少？所以，恩格斯的主张在对不同性质的劳动进行量的比较时，便会面临极大的困难。同恩格斯一样，列宁也把经济计算问题看得过于简单，他认为资本主义社会中资本家和官吏的角色和职能完全可以由社会主义社会中武装起来的工人和人民来代替。在他看来，"这些事情（经济计算）的计算和监督已被资本主义简化到极点，而成为非常简单、任何一个识字的人

---

❶ 米塞斯. 人的行动：关于经济学的论文 [M]. 余晖, 译. 上海：上海人民出版社, 2013：251.
❷ 马克思恩格斯选集：第3卷 [M]. 中共中央马克思恩格斯列宁斯大林著作编译局, 编译. 北京：人民出版社, 2012：660.

都能胜任的手段——进行监察和登记，算算加减乘除和发发有关的字据。"❶ 但在十月革命成功之后，列宁发现在社会主义公有制条件下，如何进行生产和分配、如何进行经济计算成为主要的困难。然而，列宁把造成这一问题的原因归结为人民群众对国家和政府的不信任，并希望借助道德手段来解决这一问题。其次，一些正统的经济学家也对社会主义经济计算问题提出过相关看法。意大利数理经济学家恩里科·巴罗内（Enrico Barone）认为，"在生产资料公有制条件下，中央计划当局可以通过解一组联立方程的途径，像市场实际上所做到的那样，推算和决定价格"❷。意大利经济学家维尔弗雷多·帕累托（Vilfredo Pareto）也有类似的主张，但他认为经济学并未提供鉴别生产资料私有制和公有制孰优孰劣的标准或依据，这个问题只能通过考虑不同性质的现象加以解决。❸ 由此可见，当时的一些正统经济学家并不认为社会主义社会的经济计算存在什么问题，只要借助瓦尔拉斯的一般均衡论和数学方程，社会主义的计划经济同样可以实现有效率的均衡，他们认为经济效率或经济计算与市场过程和所有制类型并无太大关系。所以，从这点来看，新古典经济学的经济人假设和均衡分析与社会主义的政府全能假设和均衡分析都是殊途同归的，只不过前者强调市场的自我调节，而后者强调政府的干预。实际上，这也是米塞斯及新奥地利学派反对数学方法及均衡分析的原因所在：过于注重对均衡结果的分析，而忽视了真正重要的和发挥作用的市场过程分析。

米塞斯作为新奥地利学派的开创者，正是在马克思主义经济学家和正统经济学家的观点一致的背景下，提出了自己对社会主义经济计算问题的看法。但米塞斯并不是这一问题的最初发现者，英国学者埃·巴特勒把该

---

❶ 列宁选集：第 1 卷 [M]. 中共中央马克思恩格斯列宁斯大林著作编译局，编译. 北京：人民出版社，2012：201.

❷ BARONE E. The Ministry of Production in the Collectivist State（1908）[M]//HAYEK A, Collectivist Economic Planning: Critical Studies on the Possibility of Socialism. London: Routledge & Kegan Paul LtD, 2000.

❸ 罗尔. 经济思想史 [M]. 包玉香，译. 北京：商务印书馆，2021：403.

问题的历史追溯至德国经济学家赫尔曼·海因里希·戈森的著述。❶ 只是米塞斯所带来的挑战使许多社会主义者认识到经济计算问题对社会主义经济的重要意义。正如奥斯卡·兰格所说："使社会主义者系统地研究这个问题的功劳完全属于米塞斯教授。"❷ 米塞斯指出，经济计算是行动人使用的一种方法。它是行动者个人的一种工具，一种被设计出来，用以稽核自由企业社会里谋私利者之私有财富和收入，以及私有利润和损失的计算方法。❸ 经济计算是行动人选择有目的行为的一种工具、一种方法。这种方法的运用需要一个前提条件，即各种商品和服务都具有一个用货币表示的价格（包括消费品价格和生产要素价格），而且价格必须是市场过程自发的产物，不能是政府强制命令的产物。只有当所有类型的产品和服务的价格由市场决定，从而提供了一个计算的基础时，一个企业的各部分分别计算才是可能的。没有市场就没有价格体系，没有价格体系就不可能有经济计算。❶

米塞斯对经济计算的核心观点是：没有生产资料私有制，就不可能有真正自由的交换和市场；没有自由的交换和市场，经济参与者就不可能根据自己的理解对各种稀缺资源进行合理的估价；没有合理的估价（即市场价格），也就不能进行有效的经济计算，更不能有效地使用稀缺资源。所以，财产私有制、自由市场、商品价格、经济计算四个方面是相互联系、不可拆分的连贯整体。米塞斯特别强调商品价格在经济计算中的核心作用。商品价格反映着供给和需求；取消市场，取消了商品的货币形式交换，就不可能在性质不同的生产过程、不同的产品之间进行成本和收益的比较，这势必造成经济生活的混乱和浪费。

---

❶ 戈森. 人类交换规律与人类行为准则的发展 [M]. 陈秀山，译. 北京：商务印书馆，1997：35.

❷ 兰格. 社会主义经济理论 [M]. 王宏昌，译. 北京：中国社会科学出版社，1981：1.

❸ 米塞斯. 人的行动：关于经济学的论文 [M]. 余晖，译. 上海：上海人民出版社，2013：251.

❶ 米塞斯. 人的行动：关于经济学的论文 [M]. 余晖，译. 上海：上海人民出版社，2013：148.

经济计算是市场参与者进行各种选择的"指南针",它的任务是尽可能地调整人的行动,使其适应现有的关于未来欲望满足的意见,它协调的是各方的经济关系和经济利益,而且正是这种调整和协调促进了经济资源的优化配置和经济效率的实现。如果经济计算丧失了真实价格和自由市场的基础,那么它也就无法实现其功能。同时,米塞斯也指出,经济计算存在一定的局限性,即经济计算不能运用于那些不通过货币买卖的东西。"有些东西是不可卖的,而要获得它们所需牺牲的也不是货币或必须支付的货币价值……如名誉、美德、荣耀以及精力、健康……还有的东西虽然可以用货币来估价,但只涉及有价值附着其上的那一部分。如对一栋古宅的估价不能涉及它的艺术和历史价值。"❶ 但米塞斯认为所有这些都丝毫无损于经济计算的有用性。行动人在选择时需要做的,只是把选择的事物与取得或保存它们的总成本加以比较,而无须计算。"人们在经济实践中发展了一种有利于行动的测定方法的事实,并不妨碍任何人按照主观的标准去行动。"❷

卡尔·波兰尼(Karl Polanyi)❸承认在集中管理的经济中确实会遇到米塞斯所提出的困难,但他认为可以保持生产资料所有权不变,而把生产过程的管理权交给"生产者协会"。爱德华·海曼(Eduard Heimamann)也提出过类似的观点,他把社会想象成由一些"垄断者"组成的协会,它们被委派从事某个范围明确的生产领域的专门工作。米塞斯指出了这类观点的本质,"生产者协会"或"垄断者"运用管理权对生产资料进行交换,但它们无法复制出像真正的所有者那样的竞争性竞价功能。米塞斯认为,对经济核算问题来说,重要的是选择的动态层面,而不是关于现存资本

---

❶ 米塞斯. 人的行动:关于经济学的论文 [M]. 余晖,译. 上海:上海人民出版社,2013:237-238.

❷ 米塞斯. 人的行动:关于经济学的论文 [M]. 余晖,译. 上海:上海人民出版社,2013:238.

❸ 卡尔·波兰尼,1886—1964,匈牙利哲学家、政治经济学家,是20世纪公认的最彻底、最具辨识力的经济史学家之一。

的最佳利用这样的静态问题。❶ 所以，对于米塞斯来说，个体是无法替代的，无论是什么层面的团体，均不能代替个人对市场运行及价格形成的作用。

英国经济学家亨利·道格拉斯·迪金森（H. D. Dickinson）认为，瓦尔拉斯的一般均衡论方法同样适合分析社会主义经济计算问题，所以他认为只要中央计划当局掌握了所有相关的资料和知识，就可以计算出价格和应该生产的商品数量。❷ 米塞斯的学生哈耶克在《集体主义经济计划》一书中对迪金森等人的观点进行了批判，他认为中央计划当局即使能够列出整个社会的方程组，也不能解决资源的最优配置问题，因为这个方程组涉及的商品种类和数量异常庞大，没有任何方法可以进行求解。这里，哈耶克强调了信息量的巨大，但他并没有强调这些信息的主观性和真实性。随后，知名的社会主义经济学家奥斯卡·兰格（Oskar Lange）提出了"试错法"观点。他认为，在社会主义经济中可以存在劳动市场和消费品市场，同时不存在生产资料市场，生产资料由国有企业进行生产，并受中央计划控制，问题在于中央如何确定生产资料的价格。兰格的设想是，中央最初确定的各种价格并不重要，因为企业会把在这组价格下哪些产品过剩或短缺的信息传递给中央计划局，而计划局就可以根据这些信息像瓦尔拉斯的"拍卖者"那样，提高短缺品的价格，降低过剩品的价格。像真实市场经济那样，作为"试错过程"的结果，最终会引导社会主义经济走向均衡，实现资源的有效配置。兰格模式的优势在于：避免了中央计划局对大量的具体信息的依赖。兰格将这种依赖"巧妙地"变换成一种"试错过程"，他认为，"对整个经济体运行得如何的认识，中央计划局要比任何一位企业家拥有广泛得多的知识；因而比之于一个竞争性市场实际上进行的试探过

---

❶ 米塞斯. 人的行动：关于经济学的论文 [M]. 余晖, 译. 上海：上海人民出版社, 2013：8.

❷ DICKINSON H D. Price formation in a socialist community [M]//PETER J B. Socialism and the market: the socialist calculation debate revisited. London: Routledge & Kegan Paul Ltd, 2000.

程,中央计划局能够以短得多的试验过程,就达成正确的均衡价格。"[1] 兰格的论证与波兰尼和迪金森的最大不同在于,他把新古典经济学中市场参与者拥有完备知识的假设运用于中央计划局,进而证明社会主义经济同样能实现资源的有效配置。这种论证方法给新古典经济学家带来了极大的困惑,因为他们不能再有力地反对社会主义的计划经济。但是,兰格的构想存在两个潜在缺陷:第一,中央计划局所掌握的信息是一种间接的信息,是由国有企业进行收集并反馈的信息,这种信息的真实性与准确性存在问题;第二,中央计划局所进行的试错过程是一种自上而下的中央政府对无数市场参与者行动的引导,这种引导不一定指向正确的方向,导致的结果可能是离资源有效配置的状态越来越远,因为"正确"与否的界定在于无数个体的判断,而这些判断具有主观特性,中央计划局无论如何都是无法及时、准确掌握的。

综合上面对社会主义经济学者各种观点的分析,我们发现新奥地利学派对市场的解读不仅与社会主义经济理论存在差异,而且与新古典经济学也明显不同:市场的效率源于通过竞争过程对分散于个人之间的"默会知识"和特定时间的具体知识的有效利用,这些知识具有主观性和即时性,而且数量庞大。而中央计划局不可能掌握这类知识,"生产者"也无法把这类知识传递给中央计划局。经过20多年的争论,奥地利学派逐渐塑造了极其鲜明的学派特征:以"真实的人"为研究对象,反对"经济人"假设及全能政府;主张逻辑演绎,拒绝数学方法;强调市场过程分析,反对均衡结果分析。

---

[1] GARRISON R W. Time and money: the macroeconomics of capital structure [M]. London: Routledge Press, 2001: 16.

CHAPTER 3 ▶ 第3章

经济的微观主体：
消费者与企业家

第 3 章 经济的微观主体：消费者与企业家

米塞斯作为行动学的创始人，其理论体系是逐步形成的。首先，米塞斯从有无意识的角度对人的行为进行划分，把有意识的行为称为人的行动，通过这种划分把人的无意识的生理反应行为排除在行动学研究对象之外；其次，他又从能否计算角度对人的行动进行划分，把能进行货币计算的行动称为经济行动，通过这种划分把人的无法用货币衡量的行动排除在经济学的研究对象之外；最后，米塞斯从行动学的先验范畴之一——交换出发，利用各种假构方法，如纯粹市场经济假构、孤立经济假构、静态经济假构和稳态经济假构等，来分析市场价格、货币、工资、利息、商业周期等各种经济问题。所以，米塞斯的交换学或经济学是以人的先验行动学和经济计算的可能性为基础的。在他的交换学理论中，行动人按其在社会中的不同功能被划分为消费者和生产者，而消费者受欲望满足所驱使，生产者受利润所驱使。从交换学的角度来看，消费者和生产者都在不断改变着自己所拥有资源的配置情况，试图以一种更好的状态代替目前的状态，这就涉及两种状态的比较，这种比较只能通过经济计算来实现。因此，经济计算问题是对行动人的选择进行分析的前提，所以我们在第 2 章介绍经济计算问题，在第 3 章介绍消费者与生产者如何借助经济计算的工具在市场中通过交换来达到各自目的，以及这种自发式的互动所带来的影响。

3.1 消费者与市场主体

"资本主义或市场经济是一种建立在生产资料私有制基础上的劳动分

工和社会合作体系。"❶ 在这个体系中,生产者掌握了生产所需的各种要素:资本家拥有资本、企业家拥有发现利润机会的能力、农场主拥有土地,而其中企业家是最为核心的生产者主体,其对利润的追求推动着整个市场的运行和经济资源的配置。所以,有些肤浅的观察者把不同领域的企业家称为他们各自领域的"国王"或"独裁者",似乎正是这些企业家决定着应当生产什么、生产多少,以及商品或服务的质量高低。这恰恰是对市场经济的最大误解,也导致了古典时期的经济学家对生产者或供给角度的过分关注,而忽视了对消费者或需求角度的分析。企业家凭借自有的或租借的生产资料自主决定相关产品的生产,但他们只是市场经济这条大船的"舵手或司机"。对企业家的认知不能仅停留在这种生产行为的表象上,必须探求其背后的动机:企业家的目的在于利润,而利润只能通过在市场上销售商品或服务来实现,进一步来讲,商品或服务的销售情况则取决于无数消费者的购买行动。所以,企业家的各种决策的依据是消费者借助市场价格释放出来的信号,如果企业家无视这些信号,那么他们就将忍受亏损和破产的痛苦,而且会被其他能更好地满足消费者需求的人所取代。因此,企业家在经济活动中的作用是辅助性的或第二位的,他们虽然是市场经济这条大船的舵手,但他们并不能随意改变船舶的航线。"他们不是最高统帅,他们仅仅是舵手,必须无条件服从船长的命令。消费者才是船长。"❷

"消费者是由不同的人组成的一个巨大群体,是一个无姓名也无组织的群体。"❸ 所以消费者主权从本质上来看是消费者群体主权,这种主权虽然由单个消费者组成,但却具有不同的特征:单个消费者对商品或服务的评价具有个体性和主观性,体现了单个消费者的自由裁量权;消费

---

❶ 米塞斯. 官僚体制与反资本主义心态 [M]. 冯克利,姚中秋,译. 北京:新星出版社,2007:26.

❷ 米塞斯. 官僚体制与反资本主义心态 [M]. 冯克利,姚中秋,译. 北京:新星出版社,2007:26.

❸ 米塞斯. 官僚体制与反资本主义心态 [M]. 冯克利,姚中秋,译. 北京:新星出版社,2007:50.

者群体主权是无数单个消费者相互作用的结果，正是他们作出的各种差异性判断凝结为一种非人格的现象（具体表现为市场价格），从而脱离了它们（这里指各种判断或评价）随意性的来源。消费者主权首先表现在消费者对一阶商品和服务生产者的直接影响上。消费者对各种商品或服务的购买决策取决于这些商品或服务满足其欲望的能力，以及这些商品或服务本身的价格（即消费者付出的成本），这与主流新古典经济学中消费者的均衡条件是一致的，即不同商品或服务的边际效用与价格之比相等。

所以当消费者面对不同商店提供同一种商品或服务时，购买与否就取决于该商品或服务的价格高低。理性的消费者倾向于光顾那些能使他们以最低价格购买到所需商品或服务的商店，而为这些商店提供一阶商品或服务的生产者便会受到消费者决策的直接影响。消费者决定这些生产者应该生产哪种商品或服务、应该生产何种质量的商品或服务，以及生产多少商品或服务，进而决定生产者所在工厂和农场的经营状况，甚至其生死存亡。在消费者与生产者的关系中，消费者掌握着主权，代表着市场的需求和变化，而生产者只能被动地适应这种变化。而且，消费者本质上是一个由无数个体组成的群体，是无组织、无"头目"的抽象存在，任何单位和个人都无法影响消费者作为一个群体所表现出来的"偏好"和"选择"（这种偏好和选择与单个消费者的不同，是一种客观的市场现象）。也就是说，消费者是"无情无义"的，"对他们而言，没有什么事情比满足自己的需要更值得计较。他们丝毫不关心过去的丰功伟业和既得利益。如果有什么东西既使他们喜欢而又便宜，他们会毫不犹豫地放弃原有的卖家"❶。此外，消费者也是"变化多端和难以预测"的，因为消费者作为一个群体是由无数单个消费者组成的，而单个消费者的选择完全是基于个人的主观比较和判断。其次，消费者主权还体现在消费者对高阶商品或服务生产者的间接影响上。一阶商品或服务即消费品的生产者直接面对消费者，并按

---

❶ 米塞斯. 人的行动：关于经济学的论文 [M]. 余晖，译. 上海：上海人民出版社，2013：296.

消费者的要求和命令安排自己的生产；而这些生产者需要更高阶的商品或服务作为生产要素来生产消费品，所以他们会把消费者的要求和命令传达给生产高阶商品或服务的生产者，即消费者对高阶商品或服务生产者的影响是间接的。作为高阶商品或服务的生产者，一方面要向那些出价最低的供给者购买其业务所需的商品，另一方面要按照消费者的喜好来安排生产。只有如此，他们才能够生产出最物美价廉的商品或服务。否则，他们就会被更有效率和更能捕捉消费者喜好的同行所取代。

可见，消费者最终决定的不仅是一阶商品或服务即消费品的价格，还包括所有高阶商品或服务即生产要素的价格。"正是消费者花费的每一分钱，决定了一切生产程序的方向和所有商业活动组织的每一个细节。这种状况曾经被称为市场民主，即每一分钱都代表一次投票权。但更正确的说法应该是，一部民主的宪法给予其公民的是政治行为中的主权，正如市场经济给予他们作为消费者的主权。"❶ 对于消费者与生产者之间的关系，米塞斯有过生动的描述："消费者是拥有主权的人民。资本家、企业家和农场主是人民的仆从。如果他们不服从，如果他们不能用消费者所要求的尽可能低的成本从事生产，他们便会失去自己的地位。他们的任务是为消费者服务。而盈亏是消费者给一切工商业活动戴上的紧箍咒。"❷

3.2 企业家与利润动机

3.2.1 企业家与企业家精神

从学术传承来看，米塞斯主要受门格尔的著作和庞巴维克研讨班的影响。正是这两位前辈的经济学使米塞斯真正理解了市场经济的本质，即一切生产要素都是为了满足消费者的需要而存在的。消费者主权不仅直接决

---

❶ 米塞斯. 人的行动：关于经济学的论文 [M]. 余晖，译. 上海：上海人民出版社，2013：297.

❷ 米塞斯. 人的行动：关于经济学的论文 [M]. 余晖，译. 上海：上海人民出版社，2013：27.

定了消费品的生产,而且间接决定了生产要素的分配,更进一步地决定了生产要素所有者的收入,这些收入(工资、利息、地租)仅依赖于它们为满足人的需要所做的贡献大小。米塞斯发现,奥地利学派的前辈们虽然界定了消费领域与生产领域的主次关系,但似乎并没有明晰二者之间的联系过程,即生产结构与消费者偏好之间如何连接与协调以推动市场的有序运行。对于这一问题,米塞斯在庞巴维克研讨班上的同学熊彼特已经作出了精彩的解释:企业家通过创造新的做事方法和做新的事情,搅动了平稳的持续生产和市场,并因此为自己创造了利润。[1] 所以,在熊彼特看来,企业家是创新的主体,是能够实现生产要素重新组合的创新者,其作用是创造性地破坏市场的均衡(他称之为"创造性破坏"),而企业家正是通过这种"破坏"创设出产出价格和投入品价格之间的临时缺口,并由此获得利润。因此,对熊彼特而言,企业家精神的重要特征是打破惯例,即引入新产品和新技术的能力。此外,熊彼特认为:"利润,不像对要素服务的支付那样,它不是生产的阻碍;它也不能被称作'利润',正如它也不能被称作生产要素,它可以足够精确地被称为所需要的企业家服务的数量。"[2] 也就是说,利润不是任何生产要素服务的补偿所包含的成分,而企业家也不是为生产贡献要素服务,他们的贡献仅仅是纯粹决策,以指挥投入品进入被选择好的生产过程,而不是其他的生产过程。除熊彼特外,大多数的价格理论实际上排除了企业家在市场变动中的作用,企业家问题经常被回避。特别是自莱昂内尔·罗宾斯以来,个体行动的经济方面被理解为稀缺性手段在竞争性目的之间的配置。这一配置过程被称为"最优化"或"最大化"。在罗宾斯的视角下,每个个体被视为给定手段如何确保实现尽可能多的目标的"经济人"。而"经济人"的假设前提是完全理性和完备知识,个体不会犯错,又极其聪明。如果每个人都确定地知道需要什么,那么他的计划就完全可以按照经济计算、最优化配置和最大化目标来解释。也就是说,个体的计划实际上暗含在相关数据之中,而这些数据由

---

[1] 熊彼特. 经济发展理论 [M]. 何畏, 易家详, 等译. 北京: 商务印书馆, 1990: 160.
[2] 熊彼特. 经济发展理论 [M]. 何畏, 易家详, 等译. 北京: 商务印书馆, 1990: 153.

与他当前情况相关的目前和将来环境的知识构成,所有的决策制定者都是价格的消极接受者,简单地针对一个假定数据的背景采取最优化行动,即数据代替了决策。所以,在主流经济学假设的完美世界中,只有罗宾斯式的"经济人"追求自身利益最大化的过程,其中并无不确定性的存在,也就没有必要引入企业家精神,或者在个人决策中关注企业家要素。

而一个不允许企业家与企业家精神存在的理想世界,除均衡状态外不能解释任何东西。它对各种商品的市场价格、投入和产出的质量和数量在市场过程中如何系统地发生改变完全缺乏解释力。这是主流的新古典经济学与非主流的新奥地利学派的重要差别之一:前者关注市场均衡,而后者注重市场过程。作为新奥地利学派的开创者,米塞斯用具有企业家精神的行动者代替了罗宾斯式的消极的价格接受者,从而对市场过程作出了详细的论证与分析。

首先,米塞斯认为企业家、资本家、地主、工人、消费者在经济史与经济理论中具有基本的逻辑差异:在经济史中使用这些名词时,指的是代表具体历史事件的观念类型,而历史习惯于按照人们追求的目的以及为达此目的所使用的工具对人进行分类;在经济理论使用这些名词时,目的是探求市场经济社会中的行动结构,因此,其并不像经济史那样关注人们追求的具体目的和手段,而是倾力于辨识各种范畴和功能。所以,在米塞斯看来,"经济理论里的企业家、资本家、地主、工人和消费者并非有生命的人,诸如我们日常生活中所遇到的或历史中所记载的实实在在的人。他们是市场运行中一些特殊功能的化身。"❶ 资本家的功能在于提供货币资本,地主的功能在于提供土地,工人的功能在于提供劳动,消费者的功能在于提供购买力,那么,企业家的功能是什么呢?米塞斯进一步指出,在稳态循环经济❷的假构中,比如主流新古典经济学均衡状态中并没有企业家活动的余地,因为这一假构排除了可能影响价格的任何变化。而在现实

---

❶ 米塞斯. 人的行动:关于经济学的论文[M]. 余晖,译. 上海:上海人民出版社,2013:277.

❷ 稳态循环经济是一种虚构的制度,在这种制度里,全部商品和服务的市场价格都与最终价格一致,在其假构中,从未有过价格的变化,有的只是完全静止的价格。

的经济活动中,变化是常态,这种假构并不存在,个体的每一个行动必将受到每种变化的影响,再加上个体的主观性预期的影响。因此,行动的结果往往充满不确定性。"行动不过是投机而已。这一点不但对市场经济有效,对鲁宾逊、对假构的孤立行动者以及社会主义经济也同样有效。在稳态循环经济假构中,无人会是一个企业家和投机者。而在任何实际而生动的经济里,人人却都是企业家和投机者。"❶ 由此可见,米塞斯的行动学分析虽然完全建立在抽象的逻辑推理之上,但其关注的对象却是真实世界中的真实的人,而企业家也只有在真实的经济中才能存在。

但在经济学理论涉及企业家时,则并非指一个具体的一个人,而是指一种确定的功能。这种功能也并非为特殊群体或阶层的人所特有,而是固含在每一个行动之中。因此,米塞斯把企业家定义为"能够专门发现每一行动之不确定性的行动人"❷。具体来讲,包括"那些执着于按照预期的市场变化而调整生产活动从而获利的人;那些比普通人更具原创力、冒险精神和敏锐目光的人;那些推动经济进步的拓荒者"❸。而且,米塞斯认为资本家、地主和工人从本质上看也是企业家和投机者,因为资本家承担了各种投资亏本的风险,地主承担了自然和非自然变化对产量的影响,工人承担了技能培训投入与工资收入之间的不确定关系。总之,拥有任何有形的或货币化生产资料的所有者,没有一个能够远离未来的不确定性。所以,在米塞斯的理论中,企业家不是一个具体的人,而是人所扮演的来完成特殊功能的抽象角色,即任何人都可以成为企业家,只要他承担了不确定性的后果。而企业家精神被定义为一种社会功能,一种为未来的不确定性承担责任的功能。实际上,米塞斯对企业家和企业家精神的这种理解来源于熊彼特的企业家观念和门格尔消费者主权思想的融合与发展。熊彼特把企

---

❶ 米塞斯. 人的行动:关于经济学的论文 [M]. 余晖,译. 上海:上海人民出版社,2013:278.

❷ 米塞斯. 人的行动:关于经济学的论文 [M]. 余晖,译. 上海:上海人民出版社,2013:278-279.

❸ 米塞斯. 人的行动:关于经济学的论文 [M]. 余晖,译. 上海:上海人民出版社,2013:280.

业家视为创新者，通过创造出新的产品、新的技术和方法来推动市场的发展，即企业家是市场的"发动机"，而门格尔认为一切生产要素都是为了满足消费者的需要而存在的，即消费者是市场中的"上帝"。米塞斯认同熊彼特"企业家是市场过程动力"的观点，但并不认同"企业家因为创新本身而获得利润"这一观点，他认为企业家之所以会获得利润，是因为创新提高了消费者需要的满足水平。所以，从这点来看，米塞斯的思想与门格尔更为一致。

米塞斯对企业家行动的分析离不开消费者：一方面，他指出了企业家行动中的不确定性；另一方面，他认为企业家功能实现的好坏完全取决于消费者的评价，而且这一评价是通过"利润"来实现的。企业家对生产结构的调整完全依赖于他们对消费者未来偏好的预期（主要是对未来产品营利能力的预判），正是基于这一预期，他们在要素市场上与其他企业家竞争并出价争夺可供选购的生产要素，这一竞价过程保证了一切生产要素被用于最重要的投资项目。这是企业家所付出的成本。而企业家的行动必须谨慎，因为任何错误决定均由他们个人负责。"利润是对个人承担了不确定性而得到的特殊报酬，亏损是对不成功企业家行动的惩罚。利润和亏损是企业家精神的衡量标准。"❶ 在米塞斯之后，奥地利学派的第五代代表人物伊斯雷尔·柯兹纳也对企业家及其精神进行过深入的研究，其代表作为《竞争与企业家精神》，但在人的行动方面，他并没有超越米塞斯的既有研究，从本质上来说，只是重复了米塞斯的核心主张：企业家的功能即行动，从其风险性方面内在于每一个行动之中。❷ 柯兹纳进一步强调了行动中的警觉成分，他认为："在一个不确定的世界中，每一个企业家的决策，不管它反映了多大程度的警觉，必定在某种程度上是一次冒险……企业家决策代表了他的判断，一个利润机会的确存在。所有人类行动都是有风险的，我强调行动中的警觉成分是打算指出，不可避免的不确定性世界使得

---

❶ 米塞斯. 人的行动：关于经济学的论文 [M]. 余晖, 译. 上海：上海人民出版社, 2013: 510.

❷ 米塞斯. 人的行动：关于经济学的论文 [M]. 余晖, 译. 上海：上海人民出版社, 2013: 277.

精确计算远无可能，人们按照他们自己的判断行事。"❶ 同样，柯兹纳也认为利润源于要素市场和产品市场协调的缺乏，而成功的企业家正是先于他人意识到了这种失调。总之，真实世界是一个充满变化的世界，而且人类知识远非完美。在非均衡的环境下，对米塞斯及其追随者来说，人的行动并非简单的最大化求解，它充满了不确定性，而企业家是承担这种不确定性的行动人，是市场过程的推动者，他们能否获得利润完全取决于自身能否作出成功的预期与决策。

3.2.2 利润动机与官僚管理

在经济学中，利润一般指经济利润，即总收入减去总成本的差额，而总成本既包括显性成本，也包括隐性成本。因此，经济学中的利润概念与会计利润不同，后者的成本中并不包括隐性成本。新古典学派正是基于对利润的这种理解赋予企业以"经济人"的含义，使厂商在经济活动中具有完全理性，而且掌握完全信息，不断追求利润的最大化，即利润是厂商追求的目标。资本主义的批判者马克思也对利润有过著名的论述："如果有10%的利润，它就保证到处被使用；有20%的利润，它就活跃起来；有50%的利润，它就铤而走险；为100%的利润，它就敢践踏一切人间法律；有300%的利润，它就敢犯任何罪行，甚至绞首的危险。"❷ 这里的"它"指的是企业家所运用的资本。所以，虽然马克思对资本主义社会的利润充满了丰富的感情色彩和价值判断，但他还是把利润当作驱使企业家到处进行投资与生产的内在动力。

米塞斯对利润的理解是完全基于主观主义的。首先，米塞斯认为，"广义上的利润，乃源于行动的利得；它是满足的增加或不适感的减少；它是附着于所获结果上的较高价值与附着于为获得此结果而作的牺牲上的

---

❶ 柯兹纳. 竞争与企业家精神 [M]. 刘业进，译. 杭州：浙江大学出版社，2013：73.
❷ 马克思. 资本论 [M]. 郭大力，王亚南，译. 上海：上海三联书店，2009：871.

较低价值之间的差额;换言之,它是收益与成本的顺差"❶。米塞斯同样认为,获得利润是任何行动所追求的永恒目标,是开展交换活动的驱动力,但他把利润视为两种"价值"的比较,而"价值"是相对的、主观的和人为的。所以,在原始意义上,利润和亏损都是一种主观判断或心理现象,是无法进行量化计算和精确确定的。这是米塞斯对利润根本或本质上的认识。随后,米塞斯指出:"在市场经济中,所有那些以货币为媒介的买卖活动都由市场价格来反映。以货币来计算,利润是收入超出支出的金额,而亏损是支出超过收入的金额。利润和亏损都由一定量的货币来表示。按照货币来计算,一个人的盈亏是可能得到确定的。"❷米塞斯进一步强调:市场经济中的利润与亏损并非个人心理上的盈亏感的表述,它是有关一种社会现象的表述,即显示的是其他社会成员对个人在社会生产中的贡献的评价。❸ 所以,米塞斯对利润的理解分为两个层面:一是原始和个人的角度,即把利润视为一种主观的心理现象,具有很大的随意性,反映着个体判断者的偏好和优缺点;二是货币的和市场的角度,即把利润视为一种客观的社会现象,具有很大的确定性,反映着所有社会成员在市场行为中个人主观价值判断的综合结果。简单来说,前者是个人判断的产物,后者是市场过程的产物,而两者之间的关系与价值和价格之间的关系是非常类似的。因此,从狭义的角度来看,利润是一种市场现象。

那么,下一个问题便是:利润是如何产生的?在主流的新古典厂商理论中,厂商能否获得超额经济利润与市场结构和时期长短有着密切的联系。如果市场是完全竞争的和长期的,那么将不存在任何超额的经济利润。所以,新古典厂商理论把经济利润的来源归结为垄断因素或进入壁垒,或者说是源于市场结构因素。这种观点与米塞斯的主张具有明显的差

---

❶ 米塞斯. 人的行动:关于经济学的论文 [M]. 余晖,译. 上海:上海人民出版社,2013:315.

❷ 米塞斯. 人的行动:关于经济学的论文 [M]. 余晖,译. 上海:上海人民出版社,2013:315-316.

❸ 米塞斯. 人的行动:关于经济学的论文 [M]. 余晖,译. 上海:上海人民出版社,2013:316.

异。米塞斯区分了假构世界和真实世界。在稳态循环经济的假构里，所有的经济条件（各种价格和技术手段）一成不变，厂商为购买生产要素而支付的资金总量等于其出售产品时得到的价格，没有留下任何利润，从这点来看，利润并非要素收入。在这样的系统中，发现行动不确定性的企业家并没有生产空间，也没有创造利润的经济功能，生产活动只是一味地、无休止地简单重复，但这样的世界只是一种想象中的状态。相反，现实世界是永远变化着的世界。个人的偏好和欲望、生产要素的供给以及技术手段等都是变化的。在这种情况下，厂商为了追求利润，需要根据条件的变化不断调整生产，此时的厂商已经具备企业家的特征。在米塞斯的行动学理论中，企业家并非某一特殊的群体，他们像每一个行动人一样，追求的是用一种更好的状态代替当前的状态。所以，从行动特性来看，资本家、地主与工人都是企业家，都具备企业家精神。

企业家是为未来不确定性承担责任的行动人，是渴望利润的行动人，他们总在寻找着市场中的各种机会，而企业家能否成功获得利润取决于其在两个方面的决策。第一，企业家根据现有市场信息和自身知识储备对产品市场中消费者未来需求的预测，即对商品未来价格的预测。如果预测正确，那么企业家就有可能获得利润；相反，如果他们对未来的理解有误，就将遭受亏损。由于企业家的知识和对各种市场信息的认识往往具有主观性，所以他们作出的预测也是一种个人的主观判断，体现出企业家个体之间的差异性，也造成了市场中盈利与亏损并存的多样化局面。"如果每一个人都能正确预测某一商品未来的市场状况，那么该商品的价格以及相关的生产要素的价格在今天就能得到适应性的调整。结果是从事这一行业的人都将不赔不赚。"[1] 第二，企业家的特殊功能还体现在他们对生产要素的运用上，即如何将生产要素投入特定的用途和目的上。企业家一方面预测产品未来的价格，另一方面在要素市场上追求各种生产要素。前者可视为企业家的潜在利益，后者可视为企业家的潜在成本。企业家能否成功获得

---

[1] 米塞斯. 人的行动：关于经济学的论文 [M]. 余晖, 译. 上海：上海人民出版社, 2013：371.

要素并展开生产取决于他们的出价。在同样的条件下,出价更高的企业家将获得各种要素的所有权,但这些出价受到企业家对产品未来价格的一种主观预测的约束。所以,企业家的行动本质上是为消费者服务,他们代表消费者需求的不同方面,比如一种新的商品或同种商品的不同生产方式。米塞斯认为:"企业家之间的竞争,从本质上来说是不同可能性之间的竞争……企业家之间的竞争通过生产要素的价格,反映着这些消费品的价格。由于生产要素的不可避免的稀缺而相互冲突的个人的不同需求,被相互竞争的企业家所形成的这些要素价格反映到市场上,它们不但使经济核算成为可能,而且使其具有强制性。"[1] 所以,企业家在要素市场上的竞争以消费品预期价格为约束条件,反映了消费者的偏好,即消费品价格从某种程度上来说决定了生产要素的价格,而且这种竞争促进各种资源自由流动并应用到最重要、最紧急的用途上,为完成这一竞争过程,企业家借助的工具是具有必要性和强制性的经济计算。

此外,米塞斯进一步强调,企业家的盈亏与影响企业家收入的其他因素存在明显差别,绝不可混为一谈。例如,企业家的技术能力虽然可以增加其自身收入,但这种收入不能被称为利润,而是工资性收入,从性质上来说是一种劳动补偿。虽然在生产过程中,技术也可能失败,因而不能生产出预期的产品,但这种失败或者归结于技术行为上的低效率,即企业家本人或相关技术人员缺乏技术能力;或者归结为技术知识的不成熟,即生产相关产品的技术不完全或相关条件不具备。不管是哪种原因导致的失败或亏损,都理应归咎于技术不良,而与企业家功能无关。在具体的生产过程中,企业家的技术能力和特殊功能可以带来货币收入,而且是混合在一起的。技术能力的突出可以弥补特殊功能上的失败;同样,特殊功能上的优势可以抵消技术能力上的不足。但绝不能因此把那些组合在同一经营单位中的各种要素功能相互混淆。"特殊企业家的利润和亏损并不是由物质产量所产生的。它们取决于对物质产出能否满足消费者最迫切需求的判

---

[1] 米塞斯. 官僚体制与反资本主义心态[M]. 冯克利,姚中秋,译. 北京:新星出版社,2007:33.

断。最终决定企业家利润和亏损的,是企业家预测未来(不确定)市场状况的准确程度。"❶ 因此,在一个充满变化和不确定性的真实世界中,由于所有人之全知的不可能,因而利润和亏损永不会消失,企业家及企业家精神也会一直存在。

从利润产生的根源来看,我们发现利润和亏损是一种偏离稳态的现象,是大多数人无法预见的变化造成的现象,是一种"非均衡"的体现。它们不存在于常态和均衡的幻想世界中。在真实的经济活动中,利润是检验企业家预测和生产安排正确与否的唯一标准,成功的企业家获得利润,并继续生存于市场;失败的企业家遭受亏损,并被市场所淘汰。正是利润推动着企业家不断调整自己的经营行为,以最大限度地满足消费者的需求。但在企业家的生产活动中要解决的问题是:生产的物质要素种类繁多、用途广泛,人与人之间的劳动能力也大不相同,因此在一定的技术支持下,企业家面临在无数可能性中进行选择的局面。在这些潜在的生产可能性计划中,究竟哪一个最有利可图?哪一个最适合满足消费者的迫切需要?哪一个应该开展?哪一个应该延迟或放弃?企业家只有在经济核算的帮助下才能回答这些问题。经济核算是企业家开展一切生产经营活动的工具,是建立在市场价格基础之上的。市场价格包括产品价格和要素价格,前者是无数个体的主观价值经过市场过程形成的,由于消除了价值的主观随意性,所以是一种客观的社会现象;后者取决于前者,是前者的派生物。企业家对生产方式的选择是建立在以产品价格和要素价格为前提的经济核算基础上的。经济核算具体表现为账本和会计账目,这些账目反映了企业家的各项活动能否营利,为企业家的决策提供指南:亏损的项目被终止,营利的项目被执行。而且在米塞斯看来,这种盈亏计算的方法不仅帮助企业家对整个企业生产经营方向进行选择,而且帮助企业家对企业内部不同部门进行管理。因为在整个企业核算系统内部,每个部门都是一个实体、一个假设性的独立企业,它们都可以进行单独的盈亏计算,营利的部

---

❶ 米塞斯. 人的行动:关于经济学的论文 [M]. 余晖,译. 上海:上海人民出版社,2013:318-319.

门得到保存和扩张，而亏损的部门则被消除或缩减。正是通过这种"内部利润"的激励，企业实现了内部的效率化。因此，消费者主权与市场民主不仅作用于企业本身，而且渗透进企业内部的所有部门和分支机构。正如米塞斯所言："在不受管制的市场社会里，对消费者负责是工商业的生命线，驱使企业家竭尽全力为消费者服务的利润动机，同时也是任何商业和工商企业内部的第一组织原则……它赋予自由企业制度以灵活性和适应能力，结果是永不停歇的改进趋势。"❶

对于企业的管理模式，除了利润动机驱动的管理，米塞斯还提出了另外一种截然不同的机制，即官僚体制。官僚体制的存在改变了人的行为方式。不管是专制统治还是民主统治，官僚体制的存在都使各级官员处理问题的方式发生了变化，面对各种各样的问题，官员们的自由裁量权受到了限制，他们的首要责任是照章办事，他们关心的不再是如何发现问题的最佳解决办法，而是只关心如何更好地服从规则和法条。所以人们普遍对官僚体制持否定态度，认为官僚体制存在高度的危险性，它不是民主政府的助手，而是民主政府的威胁，它是自由和民主的敌人。但米塞斯认为："官僚体制本身不好也不坏。它只是一种管理手段，可以被用于人类活动的不同领域。"❷ 而且，米塞斯指出对于政府机构的管理，官僚手段是必不可少的。"官僚管理是一种运用于行政事务的手段，这种行政的结果，不具有市场上的现金价值。"❸ 官僚管理强调的是对上级机构制定的相关规则和条例的服从，相关人员只是在这些"约束条件"之内履行自己的职责，他们的有意识的行动也受到这些规则和条例的严格限制，也就不具备自发性和能动性，更谈不上企业家精神特征。他们只是分属不同级别的官僚，不是企业家；他们需要面对的是上级赐予的"机会"，而不是市场变化中

---

❶ 米塞斯. 官僚体制与反资本主义心态 [M]. 冯克利, 姚中秋, 译. 北京：新星出版社, 2007：37.

❷ 米塞斯. 官僚体制与反资本主义心态 [M]. 冯克利, 姚中秋, 译. 北京：新星出版社, 2007：43.

❸ 米塞斯. 官僚体制与反资本主义心态 [M]. 冯克利, 姚中秋, 译. 北京：新星出版社, 2007：45.

蕴含的利润。管理产生的效果并非没有价值，但它们不能用货币去衡量，也就没有市场价格，更无法利用会计方法进行成本与收益的核算，对于这些事务的衡量缺乏统一的标准。与官僚管理不同，受到利润动机驱使的商业管理所面对的目标或约束只有一个，即创造更高的利润。利润是企业及其内部构成部门开展各项活动的唯一标准，而且能够用货币去衡量，也就可以用会计手段加以核算。正是这种清晰的界定，使企业的管理和问责变得相对简单，无须额外增加像政府机构中的各种规则和条例来约束内部人员的行为。只需利润及其会计核算就可以驱使企业家及其雇佣的劳动力努力改进工作效率，进而提高整个企业的管理效率和实现各种生产要素的最优分配。

如果把基于官僚体制的管理和基于利润动机的管理进行对比，我们会发现前者是无效率的、缓慢的，往往被淹没于各种文件中。但我们不能因此而把后者应用于政府行政事务的管理上，因为官僚机构不是企业，它追求的不是利润最大化，也不能用经济核算去衡量它的"产出"，它完成的是企业所不能解决的问题。官僚机构及其人员的低效率不是"人"的问题，而是特定政治和制度条件的产物。因此，它是必然的和不可避免的。即使我们任命一位优秀的企业家担任政府机构的首脑，并进行多项改革，也无法改变这一难题。"成为一名企业家的素质，并不存在于企业家的人格之中，而是存在于他在市场社会结构所处的地位。"❶ 企业家一旦离开企业与市场，那么，他便不再是一个追求利润的企业家，而是一个服从于各种规则和条例的官僚。官僚与非官僚的差异在于，前者的工作成果不能用货币来评估，因此上级对下级官员的评价往往不是基于客观存在的"成果"或"利润"，而是基于对下级人格上的一种主观判断，这种评价机制导致官僚表现出了一定的群体特征：唯上级、无自由；重形式、轻任务；易保守、难创新。但我们并不能因此对其进行非难。因为官僚机构的低效和官僚的群体特征并不是个体的智力和道德因素造成的，它是制度的产

---

❶ 米塞斯. 官僚体制与反资本主义心态 [M]. 冯克利, 姚中秋, 译. 北京：新星出版社, 2007：47.

物。"它是由任何公共事务管理都不可避免的弱点造成的。对于官员履行职责的表现缺少确定无疑的成败标准，造成了无法解决的问题。它扼杀了抱负，毁灭了开拓精神和超越最低标准的激励因素。它使官僚只看命令，不在乎实质和真正的成功。"❶

政府与企业是完全不同的组织，虽然二者都由行动人组成，但政府与企业相比效率的衡量缺乏明确客观的标准，因此不能借用利润模式进行改进。依据同样的逻辑，对于企业来说，其效率的衡量可以通过货币化的、可进行核算的利润来完成，如果把官僚模式强制应用到企业之中，就会造成十分恶劣的后果。从作用的方式来看，通过利润动机来管理企业是一种内部诱导驱动机制。相反，通过官僚体制来管理企业则是一种外部强制机制。二者的这点差别会对企业的运营效率产生极其不同的影响。

我们来分析一下公有制企业。所谓公有制企业，包括国有制企业和集体所有制企业，这些企业的资产所有权属于国家或集体，而不属于任何个人，也不属于个人所有权任何形式的集合。❷公有制企业的所有制特征决定了这些企业在市场经济的运行过程中并不受利润体系的约束，它们追求的往往不是最大化的利润，而是需要兼顾社会责任或集体利益，它们随时准备放弃部分利润，甚至接受亏损。所以，对公有制企业的管理不能基于利润动机，而是要采用另外一些原则和标准，这些原则和标准大都由政府或市政当局制定，这就导致企业的管理者不是企业的执行官，而是一个官僚。"出色管理的标准，不是消费者的认可，从而使收入大于成本，而是严格地服从一些官僚体制的规则。至高无上的管理原则，就是服从这些规则。"❸

对于私营企业来说，如果没有外在的政府强制干预，利润动机就可以

---

❶ 米塞斯. 官僚体制与反资本主义心态 [M]. 冯克利，姚中秋，译. 北京：新星出版社，2007：51.

❷ 米塞斯. 社会主义：经济与社会学的分析 [M]. 冯克利，崔树义，译. 北京：中国社会科学出版社，2014：156.

❸ 米塞斯. 官僚体制与反资本主义心态 [M]. 冯克利，姚中秋，译. 北京：新星出版社，2007：57.

驱使它们不断改进生产技术，提高管理水平，优化企业的经营成果。但在现实的经济活动中，利润及其追随者（即企业家）往往被赋予负面的形象：自私自利、投机倒把、唯利是图、为富不仁等。正是公共舆论的影响和谴责导致政府及相关部门对私营企业产生了一种倾向，即用官僚管理代替利润动机的倾向，他们希望通过这种替代来改变私营企业的"自利"形象，使其能更好地为社会大众服务。但政府对私人工商业的干预及其美好愿望必然落空，并极大地伤害企业的生产经营效率。政府对私营企业的干预首先表现为对利润水平的干预，比如：禁止企业自由确定商品和服务的价格，而由政府设定一定的利润率水平；政府提高相关税率，强行拿走企业的大部分利润。政府的这些强行干预手段将导致企业不再单纯地追求利润的增加，它们失去了降低成本、提高效率的内在动力。它们将不再寻求创新，而是墨守成规。政府对企业的干预还表现在人事选择上。由于政府机构及相关部门的特殊性，它们掌握着能够给企业造成伤害的权力，这种权力甚至决定着企业的生死存亡。为了避免这种伤害，企业管理者千方百计地同政府及其官员保持良好的关系。除了以上两种干预方式，政府还可以通过许可证制度、强制执行等手段干预企业活动，但在市场经济中，不管政府对企业的强力干预采取哪种具体形式，都会导致企业生产行为和企业家管理行为的高度异化，形成对政府权力的无限依赖。面对政府不受限制的权力，每个企业的成败不是取决于利润的高低，而是无数官员的无客观标准的自由裁量权。企业生存的这种选择机制将会带来违背市场经济的导向作用：企业及企业家追求服务的对象不再是市场中无数的消费者，而是政府中高高在上的官僚；消费者主权不再，权力主权或政府主权大行其道。市场经济变成了权力经济，企业家和企业家精神必将消失，而活跃于政府官僚之间的冒险分子成了"市场经济"中的胜利者。当然，官僚体制的后果并非仅仅局限于经济领域，官僚化同样会导致不良的社会和政治影响：官僚体制滋生官员的虚伪行为；官僚体制扼杀民主并限制思想自由。

官僚还会导致诸多的心理学后果：官僚化导致保守、暴力和批判意识的消失。❶

在市场经济中，政府与企业属于不同性质和功能的组织：政府事务通过官僚管理来完成，企业活动通过利润动机驱动来管理；政府的主要职能在于为企业提供秩序和法律的服务，企业的主要职能在于为消费者提供物美价廉的物品。政府与企业的管理模式不能交叉互换，为防止政府对企业的过多干预，必须通过法律来界定政府事务的边界，以保证企业、企业家和市场经济的活动。

3.3 消费者、生产者与市场过程

3.3.1 个人与市场

18世纪英国古典学派经济学的开创者亚当·斯密在其著作《国富论》中曾提出"看不见的手"的隐喻，意在表明个人在经济生活中只考虑自身利益，受"看不见的手"的驱使，即通过分工和市场的作用，可以达到国家富裕的目的。后来，斯密的继任者——新古典学派的经济学家们将这一形象化的概念用来表示完全竞争模式中的市场机制。市场机制以"经济人"假设为原则而运行，具体包括价格机制、供求机制和竞争机制，这些机制结合无数消费者效用最大化的购买行为和无数生产者的利润最大化的销售行为，引导着各种资源向最有效率的方面配置。因此，许多经济学家认为市场经济的完美运行是由自动的和无形的力量来驱动的。但他们似乎只是发现了一种客观存在的社会现象，然后进行了形象的描述，而对现象背后的影响因素及作用过程却选择性地予以忽视。米塞斯及奥地利学派对主流经济学的这一缺陷进行了一贯和彻底的批判。米塞斯认为，指挥市场运作和决定市场价格的唯一因素是人的有目的行动。市场中根本不存在什

---

❶ 米塞斯. 官僚体制与反资本主义心态[M]. 冯克利，姚中秋，译. 北京：新星出版社，2007：67-92.

么神秘的力量，只存在无数追求自身目的的行动人，正是这些个体之间的相互作用推动着市场的有序进行。因此，对经济现象或问题的研究不能仅局限于"看不见的手"这一模糊性概念，应该从个体入手并注重对市场过程的研究。对于个人与市场之间的关系，米塞斯说过："市场是一个社会体，而且是一个最重要的社会体。市场现象皆属社会现象。它们是每个个体行动的综合结果，却又不同于个别人的贡献。对于个人来说，它们似乎是无法变异的自在物。他总是看不出他自己也是决定市场现象的那些复杂因素中的一个分子，尽管是一个微小的分子。"❶ 通俗来说，市场由个人组成，但消除了个人的个性化特征，市场过程也就是个性化的消除过程；个人是市场的组成分子，但不能影响市场结果。所以，对于市场及相关问题的研究，应该从个人出发。

社会和市场最根本的组成元素是人，人的行为模式或逻辑结构都是一致的。在米塞斯的视角下，人的行动最大的特点是具有目的性。当个人行动的目的在于消费商品和服务以满足欲望时，他是一个消费者；当个人行动的目的在于生产商品或服务以获得利润时，他又变成了生产者。但不管是消费行动，还是生产行动，从本质上看都是个人为改变现状，消除不适，追求一种更好状态的手段。所以，每个人既是消费者，也是生产者，消费和生产是个人行动的两个不同阶段。经济学或米塞斯意义上的交换学只是为了体现这两个不同阶段而人为地建立了"消费者"和"生产者"两个概念。在实际的经济活动中，并不存在单纯的消费者或消费者群体与生产者或生产者群体，只存在行动的个人。而许多人误解了消费者与生产者之间的这种关系，将消费者与生产者视为两个相互对立的利益群体：当购买商品或服务时，人们好像只以买者的身份与市场发生联系；反之则只以卖者的身份与市场发生联系。所以他们提出了许多旨在维护消费者利益而对抗生产者的政策主张，或者旨在维护生产者利益而对抗消费者的政策主张。以世界各国普遍存在的农业贸易保护主义政策为例。这种政策的目的

---

❶ 米塞斯. 人的行动：关于经济学的论文 [M]. 余晖，译. 上海：上海人民出版社，2013：339.

在于保护本国农业生产从事者的相关利益,而采取的手段一般为高额的关税或配额限制,本国政府希望通过相关手段减少本国居民对国外廉价农产品的购买,增加对本国相关农产品的购买,进而保护本国农产品生产者利益并扶持本国农业的发展壮大。但该政策的实施效果并不理想。首先,从短期来看,贸易保护政策保护了本国低效率的农产品生产者,使他们免于遭受国外高效率同行的竞争,却导致本国消费者只能以更高的价格购买农产品,进而使他们的利益受到损害。而且其他行业消费者的这种高价购买行为会进一步融合进他们所生产的产品成本之中,反过来又导致农产品生产者以更高的价格购买非农产品。其次,从长期来看,这类贸易保护主义政策导致的结果是生产资源的错误配置,或者说导致生产结构出现问题,使人们从事的生产是自己不擅长的低效率的生产,而不是高效率的生产,这种选择只会让一个国家更贫困,而不是更富有。在现实的经济活动中,由于个人是消费者和生产者的混合体,所以只为消费者利益服务或只为生产者利益服务的保护政策是不存在的,我们只能从个人角度入手来分析如何提高效率、增加财富,这便涉及竞争问题。竞争与保护不同:保护是一种人为的约束机制,它激励对外寻找保护,带来的是对效率的伤害;而竞争是一种自发的激励机制,它促使个人对内寻找解决问题的办法,带来的是对效率的追求。

3.3.2 竞争与市场过程

竞争,从广义的角度来看,是指利益主体之间的互相争胜。在自然界,由于物质手段是稀缺的,各种物种之间总是充满了竞争,只有那些适应能力强的植物和动物才能维持生存。19 世纪的生物学家查尔斯·罗伯特·达尔文发现了生命生存规律和发展方向的规律,即进化论,他认为生物之间存在生存争斗,适应者生存下来,不适者被淘汰,这就是自然选择。生物正是通过遗传、变异和自然选择,从低级到高级,从简单到复杂,种类由少到多地进化着、发展着。"物竞天择,适者生存"中的"竞"即竞争,是指物种之间的竞争,或者更根本地说是基因之间的竞争。可见,达尔文意义上的竞争指的是动植物为生存而进行的生死相争,我们可以称之为"生物竞争"。

　　生物竞争与社会竞争不同，后者指的是"人们在社会合作的制度下，为获得个人最佳优势而进行的奋斗"❶。社会竞争强调的是合作的社会框架或环境，而生物竞争则更强调弱肉强食的丛林法则。具体到市场经济中，竞争则表现为卖者以提供最为价廉物美的产品和服务而取胜，而买者则以支付更高价格来获得胜利。❷ 所以，竞争是市场经济的一个特征，也是一种社会现象，它指的是市场参与者（消费者群体内部和生产者群体内部）的竞争，正是无数个体之间的这种决策的相互作用构成了市场。首先，消费者之间的竞争主要表现为对于一种给定商品的报价上升。由于每一位消费者的报价取决于其自身的主观偏好或者说对该件商品给他带来的边际效用的主观评价，所以报价体现出一种高低不同的多样性。在价高者得、价低者失的竞争过程中，边际消费单位上较低渴望的消费者将较早退出竞价过程，最后成功获得商品的将是对该边际商品评价最高的消费者。可见，消费者之间的竞争将形成一种推动价格上升的力量，使市场中的商品保持一定的价格水平，激励生产者生产出更好、更符合消费者偏好的商品。其次，市场经济中的竞争更多是指生产者或企业家之间的竞争，即以更为低廉和优良的商品或服务来满足消费者需求。如果一位生产者的设计不仅能满足消费者最迫切的需求，而且能以比其他生产者更低的价格提供给他们，那么该生产者将获得消费者的货币选票。在纯粹的市场经济中，每一次交易都是自愿的，不存在政府干预。无论一个生产者或企业家变得多么富有，他都不能强迫消费者去购买他的产品或服务，消费者总是可以选择其他厂家的产品或服务。所以，消费者的自由选择迫使生产者不断地改进生产技术以降低成本，不断地跟踪市场以设计出更适合消费者的产品或服务。实际上，生产者之间的竞争过程主要表现为创新和模仿两个方面。刚开始时，更具警觉性的企业家更能发现市场中存在的机会，发明或

---

❶ 米塞斯. 人的行动：关于经济学的论文 [M]. 余晖，译. 上海：上海人民出版社，2013：300.

❷ 米塞斯. 人的行动：关于经济学的论文 [M]. 余晖，译. 上海：上海人民出版社，2013：301.

发现新的技术、新的产品或新的服务，因而能够比其他生产者更好地服务于消费者。这便是一部分先行生产者所开展的创新活动，这些活动如果成功，便会给生产者带来较高的利润。而其他生产者在看到其成功后，便会进行模仿，并寻求进一步的改进，进而引入更多的创新。所以生产者为了追求更高的利润和保持盈利，就必须不断进行创新和模仿，以求在竞争中保持领先地位，而生产者生产出的产品或服务也就更物美价廉。因此，生产者之间的竞争最终受益的并非生产者，而是消费者，这也是消费者主权的体现。

任何时期的市场都是由市场参与者的决策构成的，而市场参与者决策之间相互作用的过程也就是市场过程，即竞争是市场过程的根本特征。在市场过程中，市场参与者之间的决策是相互依赖的：每一个消费者在制订自己的购买计划时不仅要考虑对应生产者的预期生产决策，还要考虑其他消费者的预期消费决策，因为他们的决策与自己的决策存在消费竞争；每一个生产者在制订自己的销售计划时，不仅要考虑对应消费者的预期购买决策，还要考虑其他生产者的预期生产决策，因为他们的决策与自己的决策存在生产竞争。"由于市场竞争过程的驱动，市场参与者越来越多地被引向以其最大能力限度参与市场过程。"❶

3.3.3 企业家精神与市场过程

在真实的经济活动中，我们是以个人的身份参与市场过程的，个人有时表现为消费者，有时表现为生产者。每个人都有买和卖两个方面的行动：一方面，每个人都要获得能够为他人提供最佳服务的能力，以获得更多的货币收入；另一方面，每个人又希望从别人提供的服务中得到最大的好处，以获得更大的欲望满足。这两个方面的追求使每一个个体尽量做到贱买贵卖，无数个体追求自身欲望满足的过程，便是价格结构形成的过程，也是社会结构形成的过程，即每个人都从事特定的工作。有穷人，有富人；有资本家，有工人。但这些分工并非一成不变。市场的选择过程不

---

❶ 柯兹纳. 竞争与企业家精神 [M]. 刘业进, 译. 杭州：浙江大学出版社, 2013：10.

断调整着社会的生产部门,使其适应市场供求的变化。"任何人都没有绝对的保障,也没有维持其既得地位的权力,每个人都逃脱不了市场规律即消费者主权的约束。"❶ 但市场过程的驱动力并非来自消费者,也不是来自生产要素的所有者,而是源自具备创新能力和投机能力的企业家,或者源自更根本的发现利润机会的企业家精神。

主流的新古典经济学的基础假设是所有市场参与者都具备有关市场状况的一切信息,而且是完全理性的,因而他们能够选择并利用最好的机会从交换中获得最大的效用或利润。基于这种假设建立起来的经济理论是不包含任何变化因素的,所有经济变量的数值已经隐含在数学的最大化运算之中,我们所需做的仅是求解。在真实的世界中,由于个人的知识储备和对外界的认知都具有主观性,所以人们对市场变化的认识程度不同,而且即使拥有相同的信息,他们也会作出不同的判断,即市场经济中个体的异质性决定了其行动的差异性。由于个人的理性是有限的,即使主观上追求完美,客观上也无法实现,所以个人会犯各种错误。这就导致市场中会出现各种各样的套利机会:支付了高价的购买方没有发现,他们原本可以用更低的价格获得同样的产品;低价出手的卖方没有发现,他们原本可以把产品卖一个更高的价格。由于市场参与者在能力方面存在诸多不同,所以并非所有人都能发现这些利润机会,只有那些具有企业家精神特征的个人才能拔得头筹,而其他人只是在亦步亦趋地模仿而已。基于强于他人的理解力和洞察力,企业家四处寻找各种利润机会:他们在他们认为价格过低的地方和时候买进,在他们认为价格过高的地方和时候卖出。正是通过这种对利润的追求和企业家之间的竞争,产品价格慢慢朝机会被挤压的方向变动,利润机会慢慢消失。但由于市场中总是充满新的变化,所以新的利润机会又会不断涌现,因此,企业家总有追逐的目标。在这种反复的变化与追求过程中,企业家不断地推动着市场的进程和生产力的发展,即企业家是市场进程的推动力。

---

❶ 米塞斯. 人的行动:关于经济学的论文 [M]. 余晖,译. 上海:上海人民出版社, 2013:335.

但我们对企业家的理解不能停留在表面上，把企业家视为与资本家、地主、工人同样的一个特殊群体。企业家只是个人所扮演的一个角色，个人之所以成为企业家，是源于企业家精神。企业家精神被定义为一种为未来的不确定性承担责任的功能，这种抽象的定义决定了企业家并不是一个要素所有者，而是一种功能的执行者，他不是靠出卖要素获得收入，而是靠完成角色来赢得利润。所以任何人都是潜在的企业家，企业家精神隐含于每个人的行动之中。因此，推动市场进程的真正动力是企业家精神这一抽象功能。

CHAPTER 4 ▶ 第4章

经济的中间媒介：货币与信用

第4章 经济的中间媒介：货币与信用

米塞斯一生中最为成功和广为人知的著作是《人的行动：关于经济学的论文》。在该著作中，米塞斯主要完成了两个方面的工作：一方面深入研究了经济学的认识论和方法论基础；另一方面则涉及经济学本身，即由人的行动公理出发构建了整个交换学或经济学的理论体系。《人的行动：关于经济学的论文》全面体现了米塞斯对经济学的看法。"经济学不可避免地必须是全面而统一的整体。在经济学中，没有什么专门领域，为了处理局部，我们必须将之建立在统合所有问题的一个理论总体基础上。"❶ 实际上，米塞斯整个经济学研究计划始于1912年，在这一年他出版了自己的第一本重要著作《货币与信用原理》（米塞斯的第一本学术著作是1902年出版的《加里西亚地主与农民关系的演变：1772—1848年》）。米塞斯原来的计划是写作一本更为全面的论著，但由于当时正处于第一次世界大战的边缘，他决定在战争开始之前完成这部著作，所以他直接对经济问题全部领域的一个有限部分即货币与信用问题给予了特别关注。在本书中，米塞斯从货币的职能和本质分析开始，阐述了货币的基本原理；然后用边际价值理论（即新古典经济学的边际效用原理）研究货币价值的决定，统一了价值、价格和货币理论；紧接着从信用货币的视角探讨了银行问题、经济周期问题、金融政策问题；最后对货币体系的重建和稳健货币的回归问题提出了独到的见解。《货币与信用原理》集中反映了米塞斯在货币领域和金融类领域的主张。在20世纪30年代，米塞斯也发表过有关货币问题的多篇文章：1930年的《德国大通胀》和《确定购买力变化的方法对于指导国际货币与银行业政策的适宜性》；1932年的《货币在经济财货中的地位》；1933年的《西尼尔关于货币问题的演讲》；1938年的《货币的非

---

❶ 许尔斯曼. 米塞斯大传［M］. 黄华侨，等译. 上海：上海社会科学院出版社，2016：145.

中立性》。到了 1949 年，米塞斯在其巨著《人的行动：关于经济学的论文》中展现了比较成熟的货币主张。他将货币的起源、货币购买力的决定因素等相关问题放在间接交换阶段进行分析，充分体现了他对货币问题的看法：货币的根本功能是交换媒介。

纵观米塞斯的著作和货币观点的发展变化，可以发现在他的体系中，除了认识论、方法论、价值论这些经济学中传统的重点领域，货币理论同样举足轻重。因为对货币的不同看法和主张将导致对宏观经济现象的不同解读。从微观个体角度来看，货币是人们开展各项交换活动的工具，是被广泛接受的交换媒介，它产生于间接交换阶段，是市场过程的产物。货币的使用极大地提高了交换效率和交换双方欲望的满足程度。所以，从货币的起源来看，货币与个体行动之间存在密切的联系：个体对产品的主观价值判断经历人际交换的市场化作用，逐渐变成客观的交换价值，而产品的客观的交换价值在间接交换的发展过程中又逐渐通过"商品货币"来表示，产品的客观价格也就形成了。也就是说，货币作为一种市场过程的产物，它通过价格将个体与市场联系起来，也就将微观个体与宏观现象联系起来，即个体不能只关注自身对产品的主观评价，而是必须关注市场对产品的客观评价。从宏观现象角度来看，合理地运用货币可实现资源的有效配置，而人为的货币扩张将产生错误的市场信号，进而导致经济结构的失衡，甚至经济危机的发生。所以从货币的效应来看，货币与宏观现象之间也存在密切联系：货币象征着各种生产要素调控的权力，货币通过政府将资源与宏观经济现象联系起来，即货币并非中性的，货币扩张会对不同行业产生不同程度的影响。总之，无论是从微观个体角度，还是从宏观现象角度，货币都具有中间媒介的重要功能，而货币理论在米塞斯的理论中占据重要地位也就不足为奇了。

4.1 货币的本质

与奥地利学派的第二代代表人物庞巴维克和维塞尔，以及第四代代表人物哈耶克和马克鲁普相比，米塞斯是一位坚定的门格尔主义的捍卫者。

第4章 经济的中间媒介：货币与信用

米塞斯早在1903年读大学期间就阅读了《国民经济学原理》，其中的观点和主张彻底改变了他在社会问题分析上的看法。作为奥地利学派的创始人，门格尔对货币问题的分析始于直接交换。在直接交换阶段，人们交换的目的在于满足直接需要，即通过交换获得各种财货的使用价值。但这种交换成功达成的条件非常苛刻，即交换双方都认为自己拥有财货的使用价值，较对方所拥有财货的使用价值小，这种"恰好"的场合在现实生活中往往很难出现。所以，直接交换发生的数量非常小，往往局限于非常狭小的人群范围。个人为方便交换开始自发寻找辅助工具，于是间接交换阶段开始了。在间接交换阶段，人们倾向于用销售力较小的财货交换销售力较大的财货，因为用后者更容易交换到自己所需要的财货。"随着人们对其经济利益认识的提高，纵使没有任何协约与法律强制，纵使不是为着公共的利益，人们也将情愿提供其商品以与那些虽非自需，而销售力较大的商品交换。"❶ 经历一个模仿与扩散的市场过程之后，最终形成一种社会现象，即销售力最大的财货成为一种在交换中被广泛接受的财货，因而能与其他任何财货进行交换。"对于这样的财货，我们的祖先曾以'通用'即'服务''支付'来称呼它，到最后才名之为'货币'。"❷

对于货币的产生，门格尔特别强调了"习惯"的重要性。所谓"习惯"，门格尔指的是普通个人对少数聪明且能干的个人长期接受销售力较大财货行为的模仿，正是这种自发的模仿使销售力最大的财货为所有个体所接受，并"变身"为货币。门格尔最后总结："货币的起源完全是自然发生的，它受立法的影响极少。它不是国家的发明，也不是立法行为的产物。"❸ 所以，门格尔眼中的货币具有以下三个特征：第一，货币本质上是一种财货或商品；第二，货币产生于间接交换，并用于间接交换，即货币不是目的，只是工具；第三，货币于市场中自发产生，并不是社会契约或政府法令的产物。

---

❶ 门格尔. 国民经济学原理 [M]. 刘絜敖，译. 上海：上海人民出版社，2005：186.
❷ 门格尔. 国民经济学原理 [M]. 刘絜敖，译. 上海：上海人民出版社，2005：102.
❸ 门格尔. 国民经济学原理 [M]. 刘絜敖，译. 上海：上海人民出版社，2005：165.

米塞斯在《货币与信用原理》与《人的行动：关于经济学的论文》中均有对货币起源的论述，但基本上与门格尔对货币的认识一致，只是米塞斯更强调行动和个人的角度。"人的行动学的方法在于把一切现象追溯到个人的行动，如果人与人之间的交换情形是这样：间接交换使交易更为便利，加之如果人们又认识到这些利益，间接交换和货币就会出现。"❶ 在此基础上，米塞斯对门格尔的理论进行了以下四个方面的发展：

第一，米塞斯区分了货币的基本职能（交换媒介）与"附属职能"（贮藏手段、支付手段、信用交易、价值尺度，实际上附属职能并非货币真正的职能，只是货币的不同使用方式），强调了交换媒介职能是货币最根本的职能，是其他职能的前提条件。实际上，门格尔对货币价值制度和贮藏手段进行过分析，他认为这些职能是偶然发生的，未包含在货币概念之中，但他并未对货币的诸职能进行对比。对贮藏手段，米塞斯认为，用作窖藏的商品的特殊适用性，增加了该商品的适销性及成为交换媒介的可能性。但随着经济的发展，贮藏作为一种投资形式，并不发挥重要作用，其地位已经为购买生息资产所替代。❷ 也就是说，便于贮藏只是商品本身的特性，并非货币的一种职能。人们贮藏货币的目的在于日后交换，贮藏依附于交换媒介职能，只是对货币的一种使用方法。对于支付手段，米塞斯借用了门格尔的表述："如果人们记住货币是一种具有促进商品和资本交易功能的客体，而这项功能包括货币价格的支付和贷款的偿还……那么既没有必要，也没有正当理由进一步探讨甚至作为支付手段的货币职能的特殊性。"❸ 所以，米塞斯认为，交换媒介职能已经涵盖了支付手段，对支付手段的过度关注可能会导致对货币本质的错误认识和偏见。对于交易，米塞斯指出："最简单的办法就是将其看作流通手段职能的一部分。事实上，信用交易就是拿现在的商品交易未来的商品。"❹ 米塞斯认为，以货币

---

❶ 米塞斯. 人的行动：关于经济学的论文 [M]. 余晖, 译. 上海：上海人民出版社，2013：426.

❷ 米塞斯. 货币与信用理论 [M]. 孔丹凤, 译. 上海：上海人民出版社，2018：8.

❸ 米塞斯. 货币与信用理论 [M]. 孔丹凤, 译. 上海：上海人民出版社，2018：9.

❹ 米塞斯. 货币与信用理论 [M]. 孔丹凤, 译. 上海：上海人民出版社，2018：7.

作为延期支付标准的本意是简化货币价值变化对实际货币债务总量影响的分析,但这种表述方式将导致人们忽略币值变化对其他方面的影响,如对资源配置和财富分配的影响。对于价值尺度,米塞斯强调把货币的职能归结为价格甚至价值的尺度并不科学。因为价值具有主观特性,不可度量,只可比较。即使是客观交换价值,也不可度量,因为它是个人价值评估比较的结果。我们用货币来表示商品的交换价值,只是使货币成为价值表示的媒介,并不意味着货币变成了价值的尺度。米塞斯认为,对这一容易引起误解的术语应该避免使用。综合来看,米塞斯主张货币的真正职能或功能只有一种,即交换媒介,货币只是一种方便交换的工具,而其他三种"附属职能"从本质上来看并未包含在货币概念之中,并非货币的职能。它们只是由交换媒介职能派生出来的,或者说它们只是货币的三种用途或使用方式。

第二,米塞斯对货币范畴或广义货币进行了细分。所谓广义货币,按照门格尔的说法,就是所有获得普遍认可、能够充当交换媒介的事物(门格尔认为货币不过是人类经济的自然产物,故它的特别现象形态亦由各地各时的特别经济形态所形成,如家畜、金属、兽皮、盐、奴隶、茶砖等物品都做过货币)。首先,在广义货币之下,米塞斯又将货币分为狭义货币和货币替代品两大类,其中狭义货币是可以直接用来交换其他财货的货币,因而就其自身而言可视为一种财货;而货币替代品则只是一种法律权益,它们一般由银行发行,并可在发行银行兑换为真实货币,因而它们不与财货直接产生关联。其次,米塞斯又把狭义货币划分为三种货币:商品货币、法定货币和信用货币。"我们可以称呼那些同时可作为交易商品的货币为商品货币;对于由具有特定法律资格条件的物品所构成的货币则称为法定货币;信用货币是指对任何自然人或法人形成债权的那类货币。"❶同时,他又把货币替代物分成两小类:一类是货币兑换凭证,另一类是信用媒介。所谓货币兑换凭证,是指绝对安全且可以随时支付的货币债权,具体包括全额担保的银行券、未到期票据和辅币;而信用媒介则指安全性

---

❶ 米塞斯. 货币与信用理论 [M]. 孔丹凤,译. 上海:上海人民出版社,2018:27.

和随时可支付性存在疑问的货币债权,具体包括无担保的银行券、未到期票据和辅币。❶ 对于狭义货币与货币替代物有何不同,米塞斯认为是一种货币与货币权利之间的区别。他强调:债权不是财货,它们是获得财货处置权的一种手段,这决定了它们的全部性质和意义。❷ 对货币替代物的这种认知非常重要,米塞斯信用或金融理论的核心即是对两种截然不同的货币替代物的经济意义的全面分析,特别是其对信用媒介所产生的经济后果进行了重点研究。

第三,米塞斯明确地反驳了货币国家主义或"货币国定论"主张。关于货币与国家的关系,门格尔实际已经作出了明确的界定。"货币(在空间上与时间上有各种不同的特殊现象形态)既不是因协约或立法强制的结果而产生的,也不是由于单纯的偶然事件而出现的。它完全是各时代各民族的不同经济状态的自然产物。"❸ "一种财货之成为货币,虽不由国家的批准,但国家的批准则可使这种财货的货币性质更加完全。"❹ 所以,门格尔认为,货币是交换过程中自发的产物,国家的相关立法不能决定商品货币的选择。而货币国家主义或货币国家论则主张货币是国家的创造。关于这一问题的争论虽然历史悠久,可追溯至柏拉图和亚里士多德时代,但与门格尔和米塞斯有交集的货币国家主义的代表人物是格奥尔格·弗里德里希·克纳普(Georg Friedrich Knapp)❺,克纳普认为货币是法律秩序的一种创造,因此货币理论只能作为法律史的一个分支进行研究。按照克纳普的观点,国家对货币的选择具有决定权,货币的本质就是政府指定的代币,这种代币由于政府的宣布而与一定量真实的财货相对应。对于以克纳普为代表的货币国家主义观点,米塞斯在《货币与信用理论》的第 4 章中进行了细致的反驳,而门格尔在《国民经济学原理》中只是只言片语地表达了

---

❶ 米塞斯. 货币与信用理论[M]. 孔丹凤, 译. 上海:上海人民出版社, 2018:19-21.
❷ 米塞斯. 货币与信用理论[M]. 孔丹凤, 译. 上海:上海人民出版社, 2018:65.
❸ 门格尔. 国民经济学原理[M]. 刘絜敖, 译. 上海:上海人民出版社, 2005:173.
❹ 门格尔. 国民经济学原理[M]. 刘絜敖, 译. 上海:上海人民出版社, 2005:165.
❺ 格奥尔格·弗里德里希·克纳普, 1842-1926, 德国经济学家, 历史学派代表人物之一, 重要著作为《货币国定论》。

自己的观点，并未对货币国家主义观点进行系统的驳斥。首先，米塞斯对国家在市场中的地位进行了分析，他认为国家与市场中的其他经济主体并无差别。"国家可以更有效率地有所作为。因为它能够对需求和供给施加最有力的影响，所以其造成了市场上最显著的波动。但是，它仍然服从市场规则，不能违反价格形成过程的规律。"❶ 也就是说，在以财产私有制为基础的经济制度中，国家并不能为所欲为，必须服从市场规律的调节，政府对市场的强行干预往往都是无效的和失败的，造成这一结果的根本原因在于私有制。财产私有制促使个体之间自发与自由地交换，交换的发展与成熟催生市场。所以，市场的根本特征是由私有制决定的（自发与自由）。相反，国家和政府强调的是人为强制干预。所以，政府与市场是一种矛盾和对立的存在。只要财产私有制不发生变化，政府的干预就会显得"多此一举"，必须被限制在特定的范围之内。其次，米塞斯从法律角度解读了货币。他指出，从法律的角度来看，货币不是一般的交换媒介，而是支付或债务结算的一般媒介，即法律只将货币视为一种支付手段。法律对货币的这种"赋予"或"命令"往往会造成一种误解：货币的功能由法律或国家来控制。但米塞斯认为，一种物品成为法律上的支付手段并不等于成为经济意义上的货币。"物品只有通过从事商业交易的人们的实践才能够成为一般交换媒介，只有这些人的价值判断才能够决定市场交易比率。"❷ 其中的原因在于，由法律赋予的支付手段只是一种强制的人为的产物，而从商业交易中诞生的交换媒介则是一种自发的市场过程的产物。两者之间绝不能相互替代。

第四，米塞斯对国家干预货币事务进行了深入分析。国家干预货币事务通常有两种方式：法律和造币，但人们通常把国家对货币体系的影响归结于它的立法和司法权威，而忽视了国家造币官方地位的特殊影响。货币国家主义或货币国定论的主张实际上就是强调法律对货币的决定性作用，它假定法律能够使国家在商业交换媒介的选择方面施加决定性的影响。米

---

❶ 米塞斯. 货币与信用理论［M］. 孔丹凤，译. 上海：上海人民出版社，2018：33.
❷ 米塞斯. 货币与信用理论［M］. 孔丹凤，译. 上海：上海人民出版社，2018：35.

塞斯认为，他们没有认识到国家对货币事务干预的意义。"国家宣布某种物品在法律上可以用来清偿以货币表示的债务，并不能影响交换媒介的选择，这一媒介是由那些从事商业活动的人们进行选择的。"❶ 米塞斯进一步指出："货币政策的运营，不能仅仅依赖立法手段……它必须以国家作为造币厂的控制者和货币债权的发行者的行政权力为基础。"❷ 由此可见，米塞斯特别强调了国家作为造币厂控制者的重要作用。实际上，国家在货币方面的活动，最初仅限于金属货币的铸造，即政府选取最为便利的形式提供特定重量和成色的金属，并在上面铸印方便人们辨认的内容和铸造时间。但需要注意的一点是：虽然国家对造币活动具有控制权，但并不意味着国家发明了货币，只是国家对造币的官方控制使金属作为货币的性质更加完善，从而使金属货币更易为人们所接受，流通的范围更为广泛，更能促进交换的发展。一个国家如果想使公众放弃使用贵金属货币而改用一种法定货币，仅通过相关立法并不能达到其目的。它必须使新货币在商业交易中取代旧货币。"决定性的步骤并非制定一项法定比率以及规定税收必须以新货币支付，而是提供必要数量的新货币和回收旧货币。"❸ 所以，货币本位之间的转换需要国家通过法律手段和造币手段两种方式配合来实现，前者即法律上的相关改变只是本位转换的伴随举措而已，后者才是交换媒介发生转变的关键，而且新币对旧币的替代是一个逐步发展的市场过程，不可能一蹴而就，这也是由交换媒介的性质决定的。

4.2 货币的价值

从货币的本质来看，我们发现门格尔与米塞斯的主张实际上并没有太大的区别，二人都认为货币是一种产生于间接交换阶段的工具，是一步一步地从非货币的商品演化而来的。但是，对于货币的价值也就是货币的购

---

❶ 米塞斯. 货币与信用理论 [M]. 孔丹凤, 译. 上海：上海人民出版社, 2018：36.
❷ 米塞斯. 货币与信用理论 [M]. 孔丹凤, 译. 上海：上海人民出版社, 2018：37.
❸ 米塞斯. 货币与信用理论 [M]. 孔丹凤, 译. 上海：上海人民出版社, 2018：38.

买力如何决定,门格尔似乎并没有给出一个令人满意的答案,他在《国民经济学原理》的最后一章对货币的起源和本质、货币的具体形态、货币的功能都进行了简单介绍,却对货币的价值如何决定只字未提。作为边际革命的代表人物之一,门格尔只将他的边际价值理论用来分析消费品和生产要素,而未用来分析货币问题,好像货币并不受制于这一理论。后来,米塞斯在《货币与信用理论》中运用边际价值理论对货币和信贷理论进行整合,将其与奥地利学派的价值和价格理论融合为一个完整的理论体系。由于门格尔和米塞斯都认为货币本质上是一种商品,所以适用于商品价值分析的边际思想同样应该适用于货币价值的分析。可见,米塞斯的主张似乎具有前后的一致性,他完成了门格尔未完成的工作。在详细分析米塞斯究竟如何将边际价值理论应用于货币价值的决定之前,我们先看看19世纪末期的"货币面纱"。

4.2.1 古典经济学的观点

19世纪70年代早期,来自三个不同国家的三位经济学家分别独立地提出了边际价值理论:1871年,威廉姆·斯坦利·杰文斯(William Stanleg Jevons)用英语出版了《政治经济学理论》;1871年,卡尔·门格尔用德语出版了《国民经济学原理》;1871年,莱昂·瓦尔拉斯(Léon Walras)用法语出版了《纯粹经济学要义》。三人(当时被称为"边际三杰")之间存在差异:杰文斯提倡开展更多的经验研究,门格尔主张抽象的逻辑演绎,瓦尔拉斯则提倡采用数学方法。"边际三杰"虽然并未明确提出"边际效用"的概念,但他们都认为价值是由物品的最终效用决定的,以物品的最终效用去衡量价值,实际上就是边际效用价值理论。边际效用价值理论认为:商品的价值取决于人们对它的效用的主观评价;人们在消费一种商品时,每增加一个单位,增加的效用就递减;最后一个消费单位的效用最小;决定商品价值的,不是它的最大效用,也不是它的平均效用,而是它的最小效用。门格尔的学生维塞尔首次称这个最小效用为边际效用。边际主义思想给经济科学带来了巨大的影响,彻底改变了古典经济学的价值和价格理论,但是货币理论并未受到触及,其中的原因在于,这些古典经济学家对货币持有的同样的看法：强调货币仅仅是方便人们进行交换以获取真实财货的工具，货币本身并不是这些财货。货币的工具特性从个人角度来看，是指市场交换的本质从来不是以货币换取真实财货，而是以真实财货换取真实财货；从国家角度来看，则指货币数量的多少并不影响真实财货的总体数量。因此，他们得出了结论：货币与国民财富无关，政治经济学可以不用研究货币问题。这一观点的著名隐喻就是"货币面纱"，即货币仅仅是人类与真实经济之间的一层中间介质。❶ 古典经济学的代表人物约翰·斯图亚特·穆勒（John Stuart Mill）也作出了同样的表述："物物交换时可以相互交换的各种物品如果用来换取货币，也可以换得等量的货币，因此这仍然是互相交换，只是交换过程由一种活动改为两种活动。各种商品的相互关系不因货币而有所改变。"❷ 所以，这些经济学家将全部注意力集中到"真实"的经济因素上，而忽视了"工具"的货币。也就是说，他们只关注物物交换的直接阶段，而对间接交换阶段毫无兴趣，他们认为两者之间只是相差一个"工具"而已。其实，这是他们对市场经济的误解：直接物物交换形象地反映了交换的过程，让我们认识了市场经济的开端，但这种朴素的、原始的交换方式只能适用于自给自足的经济状态，而不可能发展出密集的专业化与大规模工业生产，市场经济的高度发展只能通过间接交换和货币的帮助来实现。

门格尔等古典经济学家对货币理论的忽视后来被两位经济学家所发现：一位是瑞典经济学家克努特·维克塞尔（Knut Wicksell），另一位是德国经济学家卡尔·赫弗里希（Karl Helfferich）。前者认为边际效用理论没有被应用到货币分析上，后者则认为边际主义方法不能用来解释货币的价值。赫弗里希指出，普通财货的边际效用完全取决于该财货的数量，而与财货的市场价格无关，而货币的边际效用不仅取决于货币的数量，还取决于货币的市场价格。这就导致用边际方法来解释货币的价值时会遇到一个循环论证的难题：货币的市场价格不能从其边际效用推出，因为这个边际

---

❶ 许尔斯曼. 米塞斯大传［M］. 黄华侨，等译. 上海：上海社会科学院出版社，2016：150.
❷ 穆勒. 政治经济学原理［M］. 李风华，等译. 北京：中国人民大学出版社，2023：488

效用本身就依赖于它的市场价格。❶ 赫弗里希所说的循环论证难题实际上源于普通财货与货币之间的区别：普通财货与人的欲望满足发生直接联系；货币作为交换媒介并不能直接满足人的欲望或带来效用，必须"交换"回普通财货才可以，而这一"交换"过程说明货币是市场过程的产物，是一种社会现象（社会现象可以被视为一种无意的，即并非由社会成员有意设计并努力实现的结果）。边际价值或边际效用原理是从个性化的财货出发来分析财货的主观价值问题和客观的市场价格问题，而货币作为一种市场化的财货，似乎不能用边际方法来解释它的价值和价格问题。在奥地利学派中，第一个对此作出反应的是第二代代表人物弗里德里希·冯·维塞尔。

4.2.2 维塞尔的观点

在1903年10月26日维也纳大学的就职演讲中，维塞尔第一次表述了货币理论与奥地利价值理论之间的关系。直到1926年去世，货币理论一直是他进行经济研究的核心问题。维塞尔对货币的基本观点为：货币并非交换目的，而只是获取"真实财货"的中介而已，并不存在对货币本身的需求；货币本身并没有价值，而只代表可用货币换得的其他财货的价值。❷可见，维塞尔的观点与"货币面纱"非常相似。但维塞尔也认识到商品货币与法定货币之间的差异：他更强调商品货币的货币职能而不是商品本质，即商品货币的交换媒介作用；对于法定货币，他认为其完全不是商品，也就没有对货币本身的需求。所以维塞尔更注重货币的功能分析，而不是根源分析。对于货币的功能，维塞尔指出，货币确实能够将商品从一个所有者手中"转移"到另一个所有者手中，但其更重要的作用是度量了它所转手的商品的价值。❸简单来说，货币是度量价值大小的一个标准，维塞尔强调了货币的价值尺度职能，而不是交换媒介职能，这点是米塞斯

---

❶ 米塞斯. 货币与信用理论 [M]. 孔丹凤, 译. 上海：上海人民出版社, 2018：73.
❷ 许尔斯曼. 米塞斯大传 [M]. 黄华侨, 等译. 上海：上海社会科学院出版社, 2016：151.
❸ 维塞尔. 社会经济学 [M]. 张旭昆, 等译. 杭州：浙江大学出版, 2012：379.

所坚决反对的。此外，对于货币价值的决定，维塞尔提出了一个非常重要的分析角度，即历时角度，这种分析方法后来为米塞斯所借鉴。他认为，货币价值在那些首次作为货币使用的商品所满足的需要那里，有其"历史根源"，而货币商品的这种原始的使用价值是货币购买力进一步变化的基础。但维塞尔似乎并没有特别注重货币的根源分析，即货币价值到底取决于什么。相反，他更强调货币演化的结果："货币虽然只有作为商品货币才能开始出现，但是一旦货币开始形成，并具备了未来价值变更的历史基础，它就不再必须保持商品货币的形态。因此，纯粹的纸币在后期某个阶段是可能的。"❶ 所以，维塞尔支持纸币的产生和存在，他建议："废除商品货币，代之以纯粹的纸币，可以优化国家通货。事实上，纸币会更稳定，因为它的价值不受对于货币商品来说的非货币需求的影响。"❷ 维塞尔在这点上又与米塞斯的主张截然相反，后者认为商品货币的价值更稳定。

4.2.3 米塞斯的观点

门格尔等人对货币的起源和本质进行了正确的论述，即主张货币是产生于间接交换阶段的一种中间媒介，从本质上来看是一种方便交换的工具，但他们忽略了货币价值的决定问题，即并未把边际效用原理应用于货币领域。可能的原因是他们认为货币只是工具，没有必要进行研究。维塞尔虽然有所进步，如他首次将价值理论与货币理论联系起来，并提出货币价值分析的历时视角，但他更注重货币演化的结果，而不是从根源上解释货币的价值问题。也许他认为货币的历史基础并不重要，重要的是如何保持现行货币的价值稳定。对于门格尔对货币理论的"忽略"和维塞尔对货币理论的"轻视"，米塞斯将前者的货币的商品本质理论与后者的货币价值历时角度解读结合起来，开创性地把奥地利学派价值和价格理论扩展成一个完整的体系。货币不仅不再是特殊情况，而且也能被新的边际价值理论完全包括进来。

---

❶ 维塞尔. 社会经济学 [M]. 张旭昆，等译. 杭州：浙江大学出版，2012：324.
❷ 维塞尔. 社会经济学 [M]. 张旭昆，等译. 杭州：浙江大学出版，2012：375.

第 4 章 经济的中间媒介：货币与信用

1. 货币价值概念辨析

对于商品价值理论与货币价值理论之间的区别，米塞斯认为：前者没有必要首先对客观交换价值给予重视，因为所有价值现象和价格决定都可以以主观使用价值作为其出发点来解释；后者则不然，因为与其他商品相比，货币只有具有客观交换价值才能履行其经济职能，对货币主观价值的考察需要首先考察其客观交换价值。❶

首先，我们需要对米塞斯著作中出现的有关货币的诸多概念进行辨析。米塞斯在《货币与信用理论》中的第 7 章至第 14 章对货币价值问题进行了分析，可见他对该问题的重视程度，但在分析过程中，米塞斯给出了许多相似的概念，如货币的价值、货币的边际效用、货币的主观使用价值、货币的主观交换价值、货币的客观交换价值、货币的购买力、货币的价格等。对于这些概念，我们必须有一个清晰的认识。对于货币价值，米塞斯认为："正如其他商品一样，个人的主观评估是货币经济估值的基础。给定人们的最终目标，货币的情形如同其他经济品一样，这种主观价值评估最终源于赋予一种商品或商品组合的重要性，此种重要性被视为效用存在的必要条件。"❷ 所以，在米塞斯眼中，货币的价值与其他商品一样，指的是主观价值，是对相关商品重要性的主观评价，与效用密切相关，而且对于货币价值的判断也必须基于边际角度而不是总体角度，所以货币价值取决于货币的边际效用。

米塞斯认为："就货币而言，主观使用价值和主观交换价值是一致的。二者均源于客观交换价值，因为货币除了用于交换以获得其他经济品的效用之外，并无其他效用可言。"❸ "货币的客观交换价值指的是货币在给定条件下获得特定数量其他商品作为交换等价物的能力，可以称其为货币的商品价格。"❹ 一般情况下，关于商品和服务，我们可以说价格或货币价格；而对于货币，我们则说购买力，而不说价格。所以，货币的客观交换

---

❶ 米塞斯. 货币与信用理论 [M]. 孔丹凤，译. 上海：上海人民出版社，2018：61.
❷ 米塞斯. 货币与信用理论 [M]. 孔丹凤，译. 上海：上海人民出版社，2018：57.
❸ 米塞斯. 货币与信用理论 [M]. 孔丹凤，译. 上海：上海人民出版社，2018：57.
❹ 米塞斯. 货币与信用理论 [M]. 孔丹凤，译. 上海：上海人民出版社，2018：60.

价值和货币价格也就是货币购买力，但后者更为常用和合理。

综上所述，在货币的价值、货币的边际效用、货币的主观使用价值、货币的主观交换价值、货币的客观交换价值、货币的购买力和货币的价格七个概念中，前四个概念为主观性质，说明货币同其他商品一样可以从主观角度理解；后三个概念为客观性质，说明货币是市场过程的产物。前四个概念之间的关系是：货币的价值不仅是货币的主观价值，也是货币的主观使用价值。又因为货币的主观使用价值与货币的交换价值一致，而且对个人来说货币没有使用价值，只有主观交换价值。所以，货币的价值即货币的主观交换价值，二者均取决于货币的边际效用。后三个概念从本质上来看是一致的，可等同视之，但我们一般使用货币的客观交换价值和货币的购买力两个概念，而不使用货币价格。根据米塞斯的观点，货币的主观价值一方面取决于货币的边际效用，也就是货币能够交换到的其他经济物品的边际效用；另一方面源于客观交换价值，因为主观使用价值和主观交换价值源于客观交换价值。所以，货币的价值决定从本质上来看取决于两个方面的因素：一个是货币持有人对能交换到的经济物品的主观评价；另一个是货币能够交换到的其他经济物品的客观数量。由此可见，货币价值的决定并非像商品价值的决定那么"单纯"，而是加入了市场的"干涉"。维塞尔和赫弗里希就是针对货币价值决定中的市场因素提出了质疑，因为这导致了边际效用原理在解释货币价值问题时出现了"失效"，而米塞斯面临的重要困难就在于如何解决货币价值决定中的"市场干涉"问题，如何将这种客观的因素也归入边际效用原理中。

其次，对于货币价格（即货币购买力），我们始终将其视为一种社会现象，认为其是市场过程自发演化的产物，而不是由社会成员有意设计并努力达成的结果。米塞斯对这种宏观的整体上的市场现象始终主张一种分解至个人"极据"的研究方法，这也是行动学的方法论特点。所以，米塞斯指出："对于市场交换率之形成发生作用的，是需求；需求的强度又完全取决于主观价值判断，而非任何客观事实，以及任何可引起某一后果的力量。"❶ 也就是说，任何一个客观市场现象都可以追溯至无数个主观基础。在米塞斯的交换学中，交换率即价格。因此，对于货币来说，货币的价格取决于需求（假设货币的供给是不变的，后面再对货币供给的影响进行分析），而需求又取决于个人对货币的主观价值判断。

2. 货币价格的决定：货币需求

货币是交换媒介，它是销路最好的商品，人们追求它的目的在于日后人际交换中的使用，所以货币具有有用性和稀缺性，是一种经济商品，因而有被需求的性质。人们对交换媒介即货币之所以有需求，源于人们对它们的贮存欲望，而人们贮存它们的动机则属于个人的内心活动，属于心理学领域。所以，有的人需要较大的现金存储，而有的人则需要较少的现金存储，有的人甚至不需要任何现金存储。虽然影响货币需求的因素有很多，如人口数量、家庭自给自足的程度、商业活动的分配、清算或相互注销账款的制度等，但这些因素的影响都是间接的。"决定现金余额的终归是当事人的价值判断……关于货币的这些事情，并非不同于关于所有其他物品和服务的事情。货币的需求决定于那些想获得它的并作为其现金储存的人们的行动。"❷

货币作为一种交换媒介，人们对它的需求由两部分组成：一部分是想用它来消费和生产的需求，另一部分是想用它作为交换媒介的需求。"就现代金属货币而言，我们说它既有工业上的需求，也有货币方面的需求。一个交换媒介的交换价值（购买力）是这两部分需求相叠加的结果。"❸ 也就是说，货币价格或购买力取决于人们对货币的需求（包括工业需求和货币需求），而作为交换媒介的货币，人们对它的需求往往又与它的购买力

---

❶ 米塞斯. 人的行动：关于经济学的论文 [M]. 余晖，译. 上海：上海人民出版社，2013：420.

❷ 米塞斯. 人的行动：关于经济学的论文 [M]. 余晖，译. 上海：上海人民出版社，2013：424.

❸ 米塞斯. 人的行动：关于经济学的论文 [M]. 余晖，译. 上海：上海人民出版社，2013：428.

大小存在密切联系。所以在货币的购买力与货币的需求之间似乎存在一种"循环论证",这也是许多经济学家认为边际效用原理不能适用于货币问题的原因。

米塞斯针对"循环论证"提出了著名的"回溯定理"。米塞斯认为,货币的购买力决定与普通商品和服务交换率的决定存在明显差别。当前的货币购买力是由当前的货币需求和供给共同决定的,而人们对货币需求的目的在于改善现有的生存状态,所以人们必然依据对未来货币购买力的判断来决定当前对货币的持有量,也就是货币需求的大小(暂时不考虑货币供给)。而人们对未来货币购买力的判断,不管是理性预期,还是适应性预期,必须以过去的货币购买力为基础。因此,可以认为过去的货币购买力决定了当前的货币需求,而当前的货币需求与供给又决定了当前的货币购买力。"把过去的一切价格都忘掉,并不会妨碍各种物品之间形成新的交换率。但如果关于货币购买力的知识被渐渐淡忘,则间接交换和交换媒介的发展过程势必重新开始……买者也好,卖者也好,如果他对刚刚过去的货币的交换价值(它的购买力)一无所知,他就不能对一个货币单位的价值作出判断。"❶ 相反,对于商品和服务,人们需要考虑的是它们对未来欲望满足的重要性有何区别,并由此形成交换率,无须考虑其过去是什么状态。也就是说,货币购买力的决定是具有追溯性的;而普通商品和服务之间交换率的决定是面向未来的。之所以会产生这样的差别,根本原因在于货币的本质:货币是市场过程的产物,不是人为的创造之物。

3. 米塞斯的回溯定理

基于对货币购买力的这种认识,米塞斯提出了货币购买力决定的回溯定理:"货币需求与货币供给的关系(也可称为货币关系)决定购买力的水平。今天的货币关系,乃是根据昨天的购买力而形成,并决定今天的货币购买力。"❷ 按照米塞斯的观点:今天的货币购买力由今天的货币关系

---

❶ 米塞斯. 人的行动:关于经济学的论文 [M]. 余晖,译. 上海:上海人民出版社,2013:431.

❷ 米塞斯. 人的行动:关于经济学的论文 [M]. 余晖,译. 上海:上海人民出版社,2013:432.

（货币的需求与供给）来决定，而今天的货币关系由昨天的货币购买力来决定；同理，昨天的货币购买力由昨天的货币关系决定，而昨天的货币关系由前天的货币购买力决定。依此类推，货币购买力与货币关系之间交互决定，并向前追溯，但需要注意的是在共时的条件下（如同一天），货币关系决定了货币的购买力。对于货币购买力与货币关系之间的这种关系，有的经济学家提出了质疑：这种不断的追溯是无穷无尽的，无法从根本上解决货币购买力的决定问题。米塞斯对此给出了自己的回答："如果我们一步一步地向前追溯货币的购买力，我们最后会追溯到有关商品作为交换媒介的那个功用刚刚开始的那一时点。在这一时点，昨天的购买力，完全决定于非货币的工业需求，这种需求完全来自那些想将这种商品用之于货币以外用途的人们。"❶ 所以，米塞斯认为对货币购买力的追溯，把商品货币总需求中基于交换媒介的需求进行剔除，并最终达到一个时点。在这一时点，对该商品（成为货币之前的状态）的需求完全是基于消费和生产的目的，也就是直接且仅与个人的主观欲望满足相关。此时，商品的价值就完全取决于其边际效用，而与市场价格无关。所以，通过对货币的追根溯源，就可以达到它的商品起点。在起点上，可以发现边际效用决定了商品的价值，而这种特殊的商品在一个阶段将成为货币，将第一次出现对它的交换媒介需求。需求的增长导致该商品货币价值或购买力的变化。经历许多的正向迭代，该商品货币的需求中将主要是基于交换媒介的需求，而不是基于消费或生产的需求，即该商品货币体现的更多是作为交换媒介的货币职能，而不是作为欲望满足手段的商品。甚至到了法定货币阶段，货币演化自商品的特征也完全消失，好像货币诞生于法律或政府，而不是自发的市场过程的产物。这恰恰误解了货币的商品本质。所以对于货币购买力的理解，不能仅停留在某一时点上来分析货币需求与供给的关系，而是应该基于市场过程或历史的角度来看待这一问题。这种方法和思路是由货币的本质来决定的。当然，对于回溯的方法，有人认为它是一种历史的方

---

❶ 米塞斯. 人的行动：关于经济学的论文 [M]. 余晖, 译. 上海：上海人民出版社，2013：429.

法，而不是理论的。对此，米塞斯反驳道："对于一个现象作历史上的解释，是为了说明它如何在一定的时间和一定的地点，受哪些运动的力量和因素的影响而产生。"❶ 对货币购买力作历史上的追溯，就是为了发现到底哪些因素影响了它的决定，而且发现的这些因素属于最终因素，是一种极据，是不能再进行分解的元素。米塞斯只是通过回溯定理发现了这样的法则："原先没有作为交换媒介而被需要的商品，一旦开始为这个用途而被需要，则同样的后果将再度发生；决没有一种可用作交换媒介的商品，在其开始作为此用途被需求的时候不具有因其他而具有的交换价值。所有这些隐含在回溯定理中的陈述和那些隐含在行动学先验原理中的陈述一样，都是那样的明白无误。"❷

此外，米塞斯指出："除非一个物品在充当货币时已经具备以其他一些非货币用途为基础的客观交换价值，否则该物品不能充当货币……这种与已经存在的交换价值的关联不仅对商品货币是必要的，而且对信用货币和法定货币也同样必要。"❸ 对于法定货币，米塞斯认为其只是商品货币发展到一定阶段的产物，它只会以两种方式发生：一是市场中已经存在流通的货币替代品，即随时可以兑换货币的债权。法定货币的出现只是对它们的替代，法定货币估值的出发点是货币替代品作为债权时所具有的客观交换价值。二是曾经作为商品货币流通的铸币，由于自由铸造的终止而被转换成法定货币，这时法定货币估值的起点就是铸币自由铸造停止时点的客观交换价值。所以，我们可以认为，不管是商品货币还是法定货币，米塞斯的"回溯定理"都是适用的，都可以把货币购买力的决定追溯至商品的边际效用起点。因此，边际效用原理不仅适用于普通商品价值和价格的决定，也适用于货币价格即货币购买力的决定。

---

❶ 米塞斯. 人的行动：关于经济学的论文 [M]. 余晖，译. 上海：上海人民出版社，2013：429-430.

❷ 米塞斯. 人的行动：关于经济学的论文 [M]. 余晖，译. 上海：上海人民出版社，2013：430.

❸ 米塞斯. 货币与信用理论 [M]. 孔丹凤，译. 上海：上海人民出版社，2018：67.

4. 货币供给的影响

前面主要是从货币需求的角度对货币购买力的决定进行的分析，潜在的假设前提是货币供给不变。下面主要分析货币供给发生变化会有什么影响。货币供给的增加或减少不可能以"奇迹"的方式同时分摊到每个人的身上，而是以"扩散"的方式逐渐进入市场体系。有些人或企业会先感受到这种变化，并率先对商品或服务的购买作出改变，而其他人或企业则更晚发觉这种变化，然后改变自己的购买行为。不同个体之间的行动必然存在时间先后的差异。因此，米塞斯认为，"经济体系中货币供给量所引起的价格结构的变动，决不以同样的程度在同一时间影响各种商品或服务的价格"❶。

我们可以假定政府为了购买商品或服务或为了偿还到期债务而增发了一批法定货币（政府一般都是增加货币供给，而不是减少货币供给），那么货币供给的增加到底会产生什么影响呢？首先，政府用新增货币来购买其所需的商品或服务，使市场中对这类商品或服务的需求发生了额外的增加，进而导致相关价格也随之上涨。相反，其他类型的商品或服务保持不变，但货币的流动性使这种状态只是暂时的，货币的扩散过程将不断推进。那些将商品或服务出售给政府的人们，由于获得了更多的货币收入，会比以前购买更多的商品或服务，从而导致此类商品或服务的价格也随之上涨。这些价格的变动会影响到其他许多价格，由此逐渐扩展，直到所有的价格和工资都上涨。所以，由货币供给增加导致的商品或服务价格的上涨是参差不齐的：有的快，有的慢；有的多，有的少。而且物价的上升过程会对福利的分配产生一种影响：有些人（既是消费者又是生产者）卖出的商品或服务的价格上升得较多，而买进的商品或服务的价格上升得少，甚至没有上升，因此他们就获得了更多的资源或利益；相反，有些人（同样既是消费者又是生产者）卖出的商品或服务的价格上升得少，甚至没有上升，而买进的商品或服务的价格上升得较多，那么他们就会失去一部分

---

❶ 米塞斯. 人的行动：关于经济学的论文 [M]. 余晖，译. 上海：上海人民出版社，2013：432.

资源或利益。此外，债务人与债权人之间的利益关系也会受到货币供给变动的影响，货币供给量的增加会导致前者以后者的牺牲而得利。因此，米塞斯认为，"货币是一个行动因素，因而乃一变动因素。货币关系的变动——也即货币供需关系的变动——必将影响货币与物品之间的交换率。这些变动并不同时同程度地影响各种物品或服务的价格。它们必然对社会各成员的财富发生不同的影响"❶。也正是基于对货币的这种认识，米塞斯对货币数量论❷提出反驳。货币数量论的核心内容在于货币的数量决定市场的价格水平：货币数量多了，物价就上升；货币数量少了，物价就下降。米塞斯认为，货币数量论既存在优点，也存在缺点：它的优点在于用一般的供需理论来解释货币的价格或购买力；它的缺点在于"它诉诸一种普遍主义的解释。它只考虑国民经济的货币总供给，而不考虑各人和各企业的行动。这个错误观点所引起的后果是货币'总'量的变动与货币价格的变动之间存在着同比想法"❸。

比较米塞斯的观点与货币数量论的主张，我们可以发现：前者由经济个体出发，通过行动分析来研究货币的扩散过程；后者则由经济总量入手，通过均衡分析来比较前后两种状态的差异。米塞斯对货币的这种观点并非原创，他主要继承的是瑞典经济学家维克塞尔在货币方面的看法。❹ 后者关于货币作用的看法主要体现在其《国民经济学讲义》一书中："他们往往不顾货币在实际上所起的作用，如交换媒介、投资和资本转移，而总是将其抽象后所演绎出来的经济规律直接适用于货币起着作用的现实

---

❶ 米塞斯. 人的行动：关于经济学的论文 [M]. 余晖, 译. 上海：上海人民出版社, 2013：438-439.

❷ 早期货币理论的代表人物为英国的大卫·休谟（David Hume）和大卫·李嘉图（David Richardo）；近代货币数量论的代表人物为美国的欧文·费雪和阿尔弗雷德·马歇尔（Alfred Marshall）；现代货币学派的代表人物为米尔顿·弗里德曼（Milton Friedman）。

❸ 米塞斯. 人的行动：关于经济学的论文 [M]. 余晖, 译. 上海：上海人民出版社, 2013：425.

❹ 货币非中性又称"坎蒂隆效应"，因为坎蒂隆在他的《商业性质概论》中首次描述了通货膨胀的重新分配和重新配置效应。

情况。货币的适用或滥用事实上对实物交换和资本交易起了强烈的影响。"❶ 米塞斯借助维克塞尔关于货币非中性的思想，完善了奥地利学派的货币理论，并以此为基础构建了独具特色的商业周期理论。

通过上面的分析，我们发现米塞斯的回溯定理主要是对货币需求的追溯。长期以来，人们对货币需求存在一种错误认识，即认为货币需求是由客观因素决定的数量，而不是由主观因素决定的，而所谓客观因素主要包括两个方面：一个是给定时期内需要购买的商品总量，另一个是货币的流通速度。米塞斯通过对货币需求的溯源，将法定货币时期对货币的纯粹交换需求，追溯到商品货币时期对货币的交换需求和消费需求，再到间接交换刚刚开始时（或直接交换的最后阶段）对商品的纯粹消费需求。这种追溯将货币需求定性为个体的和主观的。我们不能从社会的货币需求开始，只有当其个体成员有货币需求时，经济体才有货币需求，该经济体的货币需求，只是经济体中的个别经济体对货币需求的总和。❷ 个体对货币的需求主要是为了满足自身对商品或服务的可能需求，虽然影响个体产生这一判断的因素有很多，如风俗和习惯、法律和制度等，但所有这些客观因素只能影响个体的内在动机，并不能直接决定一个人对货币的需求量。真正决定经济个体货币需求量的只有其主观的价值判断。所以，我们可以说货币需求与一般的商品需求并无差异：一个是个体的，另一个是主观的，只是市场的作用将这种主观随意性演变成一种客观存在，即价格（包括商品价格和货币价格）。此外，米塞斯对货币供给也进行了详细的分析。通过对货币数量论的批判，米塞斯树立了自己的货币非中性观点。米塞斯认为，政府是货币供给增加的罪魁祸首，特别是在法定货币时代，政府在货币中性论的支持下盲目增加货币供给，导致物价的扩散性上涨和货币购买力改变，并产生了一系列的危害：过度消费与错误投资、延缓生产调整与资源配置等。货币的需求与货币供给，即货币关系，一旦涉及货币与可交换之物品和服务之间的相互交换率，这种关系也就决定了价格结构，即货

---

❶ 维克塞尔. 国民经济学讲义 [M]. 解革,刘海琳,译. 北京：商务印书馆,2007：96.
❷ 米塞斯. 货币与信用理论 [M]. 孔丹凤,译. 上海：上海人民出版社,2018：82.

币供需决定了货币的价格或购买力。而货币需求的个体性和主观性导致人们只能对它做性质上的判断而不能有所干涉。相反，货币供给便成为人们研究货币购买力时重点关注的问题和领域，而影响货币供给的是政府和银行。

4.3 货币政策

货币客观交换价值或货币购买力变动的经济结果会对个人生活和社会产生非常重要的影响：它会引起个人的过度消费和错误投资，从而引起整个社会资源的错误配置和结构失衡。政府作为造币厂的控制者和货币替代物的发行者对货币的供给产生重要影响，进而改变货币的客观交换价值。政府对货币供给的影响集中体现为货币政策。在主流经济学中，狭义的货币政策是"货币当局即中央银行通过银行体系变动货币供给量来调节总需求的政策，包括信贷政策、利率政策和外汇政策"❶。货币政策一般包括两种类型：积极的或扩张的货币政策和消极或紧缩的货币政策。前者是指在经济萧条时增加货币供给量以降低利息，刺激个人和企业的消费和投资，进而扩大总需求；后者是指在经济过热或通胀率较高时，减少货币供给量，以提高利率，抑制个人和企业的消费和投资，进而降低总需求。货币政策的主要工具包括公开市场业务、再贴现率、存款准备金率以及利率和汇率政策等。无论是从货币政策的类型来看，还是从货币政策的工具来看，都可以发现货币政策主要通过影响货币供给量来实现对经济的干预。所以，可以认为货币政策问题从本质上来看就是货币的客观价值问题。

米塞斯认为："尽管通货政策问题并没有超出货币价值问题的范畴，但它们通常被伪装起来以至于其真实性不为经验缺乏者所了解。公共意见被货币本质和货币价值的错误观点所主导，曲解的标语取代了清晰且正确的认识。"❷ 米塞斯这里所说的错误观点指的是货币的中立性理论，即认为

---

❶ 高鸿业. 西方经济学（宏观部分）[M] 北京：中国人民大学出版社，2018：440.
❷ 米塞斯. 货币与信用理论 [M]. 孔丹凤，译. 上海：上海人民出版社，2018：142.

货币的本质仅仅是交换的中介，货币的购买力取决于货币的供给与需求，货币总量的变动与货币价格（货币购买力）的变动之间存在着同比关系。米塞斯认为，这种观点首先忽视了货币的商品本质，即货币虽然作为交换的媒介，但其根源仍然是商品，即货币的本质是作为交换媒介的商品；其次，货币购买力并不是由某一时点的货币供给和需求决定的，而是具有历史追溯性的，即货币购买力是由市场过程决定的；最后，基于对货币本质和购买力的认识，米塞斯主张货币总量的变动对货币价格的影响并不是同等程度的。米塞斯之所以会得出这样的结论，原因在于他所坚持的行动学分析，即对所有经济学问题的分析必须从个体的行动出发，而不是仅仅对结果或整体进行分析。所以，米塞斯对于主流经济学中的货币政策持一种批判的态度，实际上他既不推荐扩张性的货币政策，也不推荐紧缩性的货币政策，他主张政府不应该干预交易媒介的市场选择，他强调的是货币之间的自由竞争与市场的自我约束。

在商品货币时代，一个国家或政府所能使用的货币政策措施仅仅是改用另一种货币。而在法定货币时代，情况就会发生很大的变化：一个国家或政府可以通过改变经济体中的货币流通量来影响货币的客观交换价值或购买力。这种对货币数量的改变主要体现为两个方面：一个是通货膨胀主义，另一个是通货紧缩主义。在这里，米塞斯并未使用常见的通货膨胀和通货紧缩术语，原因在于他认为，"这是一个不宜使用的名词，因为这个名词在货币银行的单纯经济理论方面与通货政策日常讨论方面的意义存在严重的差异，若在注重用词科学性和明确性的场合使用，将是非常危险的"[1]。米塞斯进一步从理论上界定了合理的通货膨胀和通货紧缩的含义：前者表示货币供给量的相对增加，并未因货币需求的相对增加而抵消，进而导致货币购买力的下降；后者表示货币供给量的相对减少，并未因货币需求的相对减少而抵销，进而导致货币购买力的上升。米塞斯强调，如果我们从理论角度如此定义通货膨胀和通货紧缩，那么二者将一直存在下去，因为货币供给变化与货币需求变化能恰好"中和"或"抵销"是非常

---

[1] 米塞斯. 货币与信用理论 [M]. 孔丹凤, 译. 上海：上海人民出版社, 2018: 157.

"巧合"的一种状态,是很少发生的,也就是说,货币的购买力不可能一直处于稳定状态,变化才是它的常态。所以,从理论上认识通货膨胀和通货紧缩侧重的是从原则上作出的一种性质上的判断,而不是从量的角度作出一种程度上的判断。

相反,在通货政策的日常讨论中,人们对通货膨胀和通货紧缩的理解往往不是从性质方面进行区别,而是从程度上进行界定。只有当货币购买力下降到一定程度而不能被人忽略时,才能称之为通货膨胀;相反,只有当货币购买力上升到一定程度而不能被人忽略时,才能称之为通货紧缩。所以,从政策上认识通货膨胀和通货紧缩侧重的是一种程度上的判断。而米塞斯认为这种程度上的判断存在很大的个人主观性。因此,他指出:通货膨胀和通货紧缩这两个名词缺乏人的行动学的、经济学的以及交换科学的概念具备的精密性。在历史和政治学方面,这两个名词是可以适用的,但在交换科学中,它们只适用于来解释经济史和政治纲领,而不适用于进行货币问题的理论分析。[1] 由此可见,通货膨胀和通货紧缩在理论研究和日常应用中具有不同的含义:前者侧重性质,后者侧重程度。为了避免在科学研究中使用这种容易被误解的名词,米塞斯提出了两个新的术语来形容两种货币政策,即通货膨胀主义和通货紧缩主义,前者指的是企图增加货币数量的货币政策,后者指的是企图减少货币供给的货币政策。"主义"代表思想与主张,或者说是一种倾向。通货膨胀主义与通货紧缩主义两个概念只强调了货币供给的增加和减少对经济的影响,而没有涉及货币需求。所以,这样的定义能更准确地表达相关主张,避免产生歧义和误解。

4.3.1 通货膨胀主义

通货膨胀主义相信增加市场中的货币数量可以影响经济体的运行,进而达到一定的经济或政治目的。支持这种主张的人大概可以分为三类:第一类通货膨胀主义者相信货币就是财富,政府可以通过创造更多的货币来

---

[1] 米塞斯. 人的行动:关于经济学的论文 [M]. 余晖,译. 上海:上海人民出版社,2013:442.

改善人们的经济状况和各种政府工程；第二类通货膨胀主义者承认货币数量的增加将导致货币购买力的降低，但他们希望牺牲债权人的权益来优待债务人，希望鼓励出口而限制进口；第三类通货膨胀主义者主张货币贬值可以降低利率，进而刺激个人和企业投资。第一类通货膨胀主义者对于货币的认知是肤浅的，他们没有认识到商品货币与法定货币之间的区别，而错误地将两者等同视之。对于第二类通货膨胀主义者的观点，米塞斯指出："货币贬值只有在未被预测的情况下才能有益于债务人。如果通货膨胀措施和货币价值降低被预期到，贷款人就会要求更高的利息来补偿他们可能遭受的资本损失，而借款人将会准备支付更多的利息，因为他们预期会在资本账户上获益。"❶ 所以，一般来说，大多数的通货膨胀政策都不能通过增加货币供给来改变债权人与债务人之间的关系，或者说不能明显地改变两者的关系。真实的人是行动的人，他们会根据各种信息和知识来调整自己的行动，这样的调整将会导致许多宏观经济政策失效。对于第三类通货膨胀主义者的主张，即认为增加货币供给可以刺激投资和经济增长，正如我们在前文中所指出的那样：无论是使用金属货币还是信用货币或法定货币，货币供给的增加不会同时同等程度地影响所有商品和服务，这是一个逐渐扩散的过程，会导致收入和财富的重新分配。温和的通货膨胀使财富由穷人手中转移到富人手中，进而增加储蓄，生产也将受到刺激。但是，比较明显的通货膨胀或已经被公众察觉的通货膨胀将丧失这一微弱的功能。因为货币的持续贬值将影响人们的主观预期，并减弱储蓄动机，进而损害资本积累。所以，货币数量的增加并不能真正刺激经济，它只会带来高物价的虚假繁荣和人们急功近利、注重短期利益的不良社会风气。

除了以上三个方面对通货膨胀主义的反驳，米塞斯还揭示了通货膨胀主义及其支持者（一般为政府及其附庸）的真正目的和根本原因。通货膨胀主义者从功利的角度来解读相关经济政策合理与否，他们认为，虽然扩张性的货币政策会导致一系列的严重后果，但政府可以通过此种手段来对抗更大的危害，如战争。在自由的市场经济中，政府是作为第三方强机构

---

❶ 米塞斯. 货币与信用理论［M］. 孔丹凤，译. 上海：上海人民出版社，2018：144.

存在的,它的主要目的和任务之一在于防止自利的经济个体之间产生过度的竞争,进而导致"囚徒困境"。也就是说,政府的重要职能之一在于促进个体之间的合作,以实现帕累托改进。当然,政府的其他职能还包括保护国家安全,提供法律手段以惩治违规者,提供社会福利和保障,以及保护国民财产等。而且,从行为方式来看,政府的行为一般以强制手段为后盾,具有权威性和强制力。由于政府的运营与管理同其他组织一样需要资金,所以政府必须采取强制手段来获取收入,一般情况下,各级政府获得收入的途径主要有三种:第一种是税收,即国家或政府为完成其职能,凭借公共权力,按照法律规定的标准和程序,向市场经济的参与主体收取一定费用的形式,这是国家或政府公共财政最主要的收入形式和来源。第二种是政府债务,即国家或政府在国内外发行的债权或向外国政府和银行借款所形成的负债,具体来说,就是政府凭借其信誉,作为债务人与债权人之间按有偿原则发生信用关系来筹集财政资金的一种信用方式。政府获取收入的前两种方式存在一定的约束性:以税收为例,政府行为虽然具有强制力,但它的征税行为首先必须具有法律基础,其次必须在纳税人同意所征税用途的情况下才能开征。这种程序上的复杂性和困难性导致征税受到极大的限制,特别是开征新的税种或高额税款,往往面临来自公共舆论和利益集团的阻碍。所以,一个正常的国家和政府往往不会征收特别多的税款或特别高的税率。同样,政府债务也受到公共舆论和偿债能力的限制,政府不可能肆无忌惮地"借钱"然后"挥霍"。那么,当政府面临一些特殊问题或特殊情况时,该如何处理?这就必然涉及政府筹措资金的第三种方式——通货膨胀。在法定货币时代,经济活动中的货币供给主要由官方提供,政府作为造币厂的所有者或控制者,拥有极大的便利和动机来增加货币印刷量,比如,为了解决公民的饥饿问题,或者公共事业单位的亏损问题。只要政府需要货币,而且如果它不愿增加税收或者不能举债,那么其唯一的出路便是通货膨胀。通货膨胀从本质上看是一种"隐性税",它不像增值税和所得税那么明显。"通货膨胀最大的优点,在于能够形成表面上的经济繁荣和财富增加,以及货币数额的虚假计算,因而掩盖了资本消费。通货膨胀为企业家和资本家增加了虚假利润,此项利润被视为收入而被征收特别沉重的税收,但社会大众大多数不知道资本已被征收……通货膨胀已成为破坏性的、现实的战争政策的一个优良的心理资源。"❶ 当然,通货膨胀对经济的影响并不是一瞬间完成的,而是一个逐步扩散的过程,在这里我们强调的是货币扩散过程完成之后的影响,即价格广泛上升之后的影响。由于货币供给量增加多少完全靠政府的"自律"来完成,所以通货膨胀便成为政府获得财政收入的一种非常隐蔽的且不受任何限制的手段,是一种非常好的"工具"。除此之外,当政府为避免其所实行政策的金融和经济后果而丧失民众支持时,也会求助于通货膨胀。所以,通货膨胀所具有的经济和政治功能才是国家和政府重视货币政策,并积极推进扩张性货币政策的根本动机,也是通货膨胀主义的本质。

对于货币政策的看法,米塞斯给出了个性鲜明的观点:"我们了解货币价值的决定因素,或者自以为了解,但是我们却不能使之受到我们的意志约束。因为我们缺乏此事最重要的先决条件,我们对货币数量变动的重要性了解甚少。对于货币供求比率的有限数量变动,我们无法计算其对个人主观估值以及间接对市场的影响深度。这是一项重大的不确定性。"❷ 由此可见,米塞斯认为货币购买力变化无法估计和控制,所以他对各种干预货币供给的政策均持反对态度,因为任何一项政策都会以极大的概率犯错。具体到通货膨胀主义,虽然政府一直在宣称货币政策的目的在于稳定物价或货币购买力,但通过了解世界各国的货币发展过程发现,货币的购买力一直在下降,从没有上升。这是由政府对货币政策的"自我约束"导致的,即政府是典型的通货膨胀主义者。政府的这种内在激励导致通货膨胀只会愈演愈烈,最终产生一系列危害:商业社会将脱离受政府影响的货币,而自己选择一种特殊货币;货币购买力将一降再降,甚至完全消失;附加预期的货币价值下降得更快,将低于当时供求关系对应的水平。通过对通货膨胀主义的批判和检验,米塞斯得出了以下结论:"仅就其作为政治工具而言,通货膨胀主义是不完善的。就技术而言,它是一个坏政策,

---

❶ 米塞斯. 货币与信用理论 [M]. 孔丹凤,译. 上海:上海人民出版社,2018:146.
❷ 米塞斯. 货币与信用理论 [M]. 孔丹凤,译. 上海:上海人民出版社,2018:147.

因为它不能完全实现其目标，而且其引发的后果并不是（或者至少不总是）其目标的一部分。它之所以受到重视，完全是因为这项政策的目的及意图最能够长期欺骗公众舆论。"❶ 简单来说就是，通货膨胀主义从理论上和实践上均存在不足和缺陷，但它对政府来说非常"有用"，所以它会一直长期存在。

4.3.2 通货紧缩主义

与通货膨胀主义相反，通货紧缩主义企图通过减少货币的供给量来改变货币的购买力，这种主张和思想不如前者流行。原因在于通货膨胀主义能够开发新的财政来源，而通货紧缩主义给政府带来的往往是一些不利影响。首先，从财政角度来看，通货膨胀主义不仅是一种非常方便和廉价的经济政策，也是特殊时期的一种应急筹资方法。但是，通货紧缩主义却恰恰相反。通货紧缩主义的措施通常是减少甚至禁止新增货币以减少经济活动中广义货币的流通量，这会导致政府财政收入的直接损失，迫使政府放弃对一些特定商品和服务的购买。仅此一点，就可以说明通货紧缩主义为何难以与通货膨胀主义相竞争。其次，从国际贸易角度来看，通货紧缩主义的相关措施会导致本国货币购买力的上升，如果其他国家保持货币购买力不变或下降，那么将导致本国产品和服务国际贸易条件的恶化，即出口更加困难而进口更加容易，这通常被认为是不利的，应当尽量避免。所以，从这点来看，通货紧缩主义也是不受欢迎的。最后，从整个社会的角度来看，通货紧缩主义导致的货币购买力上升，有利于接受固定金额货币的人，也就是有利于债权人而不利于债务人。而放贷者（债权人）在任何社会和任何时间都会受到公众和社会的憎恨。国家和政府为了安抚社会大众和维持社会稳定，会极力防止这种情况发生。综合来看，通货紧缩主义虽然可以使货币购买力上升，却会导致诸多的损害，特别是损害政府的财政收入。所以，从历史上来看，基本上没有国家主张通货紧缩主义。

通货膨胀主义与通货紧缩主义从政策主张来看是两个相反的过程：前

---

❶ 米塞斯. 货币与信用理论 [M]. 孔丹凤, 译. 上海：上海人民出版社, 2018：151.

者主张货币供给量增加,后者主张货币供给量减少,但不能由此认为两者的政策效果可以相互抵消。因为"那些因货币价值增加获益的人并不是那些在通货膨胀过程中蒙受货币贬值伤害的人,而必须承担提高货币价值政策代价的人,也不是从贬值政策中获益的人。实行通货紧缩政策并不在于消减通货膨胀后果。你不能用一项新的违法去修补过去的违法"❶。所以,米塞斯对于增加或减少货币购买力的两种货币政策都持反对态度。政府及货币当局出于货币购买力不变或稳定的"幻想"及增加财政收入的真实动机而热衷于通货膨胀主义。但政府不是市场,也不能控制市场,它永远无法准确预测任何特殊情况下的干预政策所产生的结果,一切都处于巨大的不确定性之中。因为政府"所支配的影响供给与需求的工具仅通过个人主观评价的媒介来影响定价进程"❷。因此,米塞斯进一步指出了金属货币(商品货币)体系与法定货币体系相比所具有的优势:商品货币制度可以保证货币价值脱离政府的影响,成为一种由市场自我控制的社会现象。而货币的购买力大小则随着商品货币的发展而不断变化,它是自由竞争的产物,我们不应过多干预。

4.4　信用媒介

在《货币与信用理论》中,米塞斯对货币的范畴进行了详细的划分。狭义货币(包括商品货币、信用货币和法定货币)是其重点关注的对象,特别是在货币本质与货币价值两个问题的研究中,其主要是以狭义货币为研究对象来展开的。除此之外,米塞斯对狭义货币之外的货币替代物也进行了深入研究,特别是货币替代物中的信用媒介,米塞斯把它视为导致宏观经济现象(如资本结构、商业周期)的根源。所以,本部分将重点对米塞斯关于信用媒介的一些观点和主张进行介绍和解读。

---

❶ 米塞斯. 货币与信用理论 [M]. 孔丹凤, 译. 上海:上海人民出版社, 2018:153.
❷ 米塞斯. 货币与信用理论 [M]. 孔丹凤, 译. 上海:上海人民出版社, 2018:156.

4.4.1 银行的两种业务与两种信用

米塞斯首先指出:"银行的业务可以分为两个不同的分支:以他人货币进行放贷的信用融通活动和通过发行信用媒介进行的信用授予活动……这两个业务一直都存在密切关联……这种联系并不能仅仅归因于外在的和偶然的因素,它是以信用媒介的特殊性质和银行业务的历史发展过程为基础的。"❶ 当然,现代银行除了这两个方面的核心业务,还有许多其他相关业务,如货币兑换业务、存款账户管理业务、股票交易业务、证券买卖业务等。但对货币供给量产生影响进而对货币购买力产生影响的业务主要是信用融通业务和信用授予业务,实际上后者更为重要,因为二者的密切联系,才将前者也作为研究对象。为了准确理解这两种业务的区别与联系,首先需要了解米塞斯是如何界定信用的。"交易行为,不管是直接交易还是间接交易,或者可以通过双方同时履行合同义务来完成,或者以交易双方在不同时间履行义务来完成。我们称第一种情况为现金交易,第二种情况为信用交易。"❷ 所以,信用交易与现金交易相比增加了时间因素,时间因素的加入使我们必须考虑人的时间偏好。

信用最基本的含义就是因遵守诺言而取得的信任。具体到商品或货币的交易中,信用指的是货币借贷和商品买卖中延期付款或交货的总称。❸ 在信用交易中,我们一般用债权人和债务人来称呼交易双方,而不是买方和卖方。如果把信用视为个人或组织所附带的一种特征或能力(一种让他人或组织相信自己的能力),那么可以把债权人视为付出当前商品或货币成本来购买债务人信用(实质上是未来的商品或货币)的人,而债务人则是出售自身信用(实质上是未来的商品或货币)而获得当前商品或货币的人。所以信用交易的本质就是用当前商品或货币来换取未来商品或货币的交易。

---

❶ 米塞斯. 货币与信用理论 [M]. 孔丹凤,译. 上海:上海人民出版社,2018:173.
❷ 米塞斯. 货币与信用理论 [M]. 孔丹凤,译. 上海:上海人民出版社,2018:175.
❸ 李斌,伍戈. 信用创造、货币供求与经济结构 [M]. 北京:中国金融出版社,2014:58.

所谓信用融通业务，简单来说，就是贷放他人货币的活动。银行开展此类活动的目的在于赚取所得利息与所付利息的差额，再减去运营费用，就是银行最终获得的利润。这类活动主要涉及三方主体：存款人、银行与贷款人。首先，存款人出于对银行的信任将货币存入银行并获得银行票据（存款凭证），这实质上是存款人与银行之间的信用交易，其中银行是被信任的一方，存款人是承担风险的一方；其次，银行将存款人债权人的存款贷放给贷款人，并获得贷款凭据，这是银行与贷款人之间的信用交易，其中银行变成了承担风险的债权人，贷款人变成了被信任的债务人。由此可见，银行在此类信用交易中起到的作用仅仅是信用中介，即在贷方和借方之间构建起一种有机联系，受到的约束是银行"买入"的信用必须在数量和质量上与其所"卖出"的信用相匹配。当然，银行作为中介也必须承担一定的风险，即银行对存款人的偿付义务并不会因贷款人的投资失败而中止。所以，可以把银行的信用融通业务称为信用中介业务，这种称呼更准确地形容了银行在此类活动中的作用。米塞斯将信用中介业务中涉及的信用称为商品信用。"第一类信用交易的特点在于迫使先于交易对手履行交易职能的一方放弃对交易商品的立即处置权……这种放弃为合约另一方对所得的收获所抵消，该收获就是取得交易商品先期处置权的优势……合约中规定的交换比率，包含双方对时间价值的看法。"❶ 对于第一类信用交易可以这样解读：债权人放弃当前商品，获得未来商品，债务人则获得当前商品，放弃未来商品，而且未来商品的数量必须大于当前商品的数量以弥补债权人的正的时间偏好。由于在这种交易中获得处置权意味着满足，而放弃处置权意味着不满足，所以米塞斯将其称为商品信用。

米塞斯认为："就货币和货币理论而言，即便是作为信用融通者的银行功能，也只有它能够影响信用媒介发行时才具有重要性。"❷ 现在，我们就来分析一下银行的信用媒介业务或信用创造业务，其中信用创造业务主要与流通信用有关。"第二类信用交易的特点在于先获得后偿付的一方的

---

❶ 米塞斯. 货币与信用理论［M］. 孔丹凤，译. 上海：上海人民出版社，2018：175.
❷ 米塞斯. 货币与信用理论［M］. 孔丹凤，译. 上海：上海人民出版社，2018：175.

收益并没有由另一方的牺牲来平衡。所以，双方履约与否的时间差异只对交易一方的估值产生影响，而另一方则将其视为无关紧要。"❶ 也就是说，在第二类交易中，债权人放弃另一笔货币的所有权，但并不导致他的满足感下降。这怎么可能呢？米塞斯指出，当债权人能够以发行即付债权的方法提供一笔贷款，那么他的放弃对其来说并没有什么损失，这里的即付债权是指随时可以兑付成货币的债权。米塞斯认为，这样的债权实际上与真正的货币并无差异，并将这类信用交易称为流通信用。可见，商品信用与流通信用不同：前者与人的欲望满足发生联系，与时间偏好相关；后者则不具有这样的特征。由于流通信用所代表的债权是一种特殊的债权，它的即付特性使人们在许多场合把它当作货币来使用，这种债权就变成了货币的替代品。货币替代品从本质上看是一种对一定数额货币的要求权，当然这个要求权要满足一定的条件："如果能够随时兑现，而且其债务人的偿付能力和偿付意愿都毫无疑问，且凡是与这位债务人可能发生交易关系的人都完全知道这个要求权具备上述各条件。"❷ 货币替代品只要满足上面的条件就会具备货币的一切功能，正是由于这个原因，发行者（即债务人，如银行）就有动机发行超过其兑换能力的此类替代品。此时，货币替代品不仅包括货币兑换凭证，还包括信用媒介。前者是信用中介业务的产物，后者是信用创造业务的产物；前者有等额的现金作为准备，后者则没有现金准备。货币兑换凭证与信用媒介存在明显的区别，却又有着密切的联系，甚至难以明确区分。下面将分析货币兑换凭证与信用媒介的区别与联系。

4.4.2 银行的两种货币替代品

由于货币替代品的特殊性，在个人或企业的现金需求中，它完全可以替代货币。它可以从技术上具体表现为银行券（银行钞票）、银行票据

---

❶ 米塞斯. 货币与信用理论 [M]. 孔丹凤, 译. 上海：上海人民出版社, 2018: 175-176.
❷ 米塞斯. 人的行动：关于经济学的论文 [M]. 余晖, 译. 上海：上海人民出版社, 2013: 452.

（存款凭证、支票），甚至可以是辅币（低值铸币）。但无论货币替代品是哪种形态，都可以根据其背后有无充足的现金作为准备把它区分为货币兑换凭证（货币证券）和信用媒介。所谓货币兑换凭证是指，"如果债务人——政府或银行对其发行的货币替代品持有等于其总额的现金（本位币）准备，我们就把这种货币替代品称为货币兑换凭证"❶。从定义来看，一张货币兑换凭证对应相同数额的保存在准备金中的现金，所以银行发行此类货币替代品（即货币兑换凭证）并未改变货币供给，进而不会改变货币关系和货币的购买力。所谓信用媒介是指，"如果债务人对他发行的货币证券所保存的现金准备少于这项证券的总额，我们就把超过准备金的证券称为信用媒介"❷。与货币兑换凭证不同，信用媒介完全没有现金作为准备金。但是，信用媒介作为货币替代品是可以作为货币来使用的，原因在于：虽然我们可以根据有无等额现金作为准备金把货币替代品区分为货币兑换凭证和信用媒介，但货币替代品的具体表现形态，如银行券、银行票据，只能反映其技术特征，并不能反映其背后有无准备金的交换学特征，即不能确定某一货币替代品究竟是货币兑换凭证还是信用媒介，所以，信用媒介虽然缺乏准备金基础，但仍可以像货币一样流通。因此，我们认为货币兑换凭证与信用媒介虽然存在根本差别，但由于两者难以区别，导致这种差别只具有理论分析上的价值，这也为银行的信用媒介扩张提供了可能性。

银行作为货币替代品的债务人或发行人，如果只发行货币兑换凭证，那么并不会增加银行可用于放贷的资金，货币供给并不会增加，货币的购买力也不会改变。银行只是单纯地从事信用中介业务，只能按照顾客的存款金额来贷出它自己的资金，这只是商品信用，而商品信用是不能扩张的。相反，如果银行不仅发行货币兑换凭证，还发行信用媒介，即银行发行的货币替代品超过了债权人的存款金额，突破了限制。那么，货币供给将会

---

❶ 米塞斯. 人的行动：关于经济学的论文 [M]. 余晖，译. 上海：上海人民出版社，2013：452.

❷ 米塞斯. 人的行动：关于经济学的论文 [M]. 余晖，译. 上海：上海人民出版社，2013：452-453.

增加，货币的购买力也会发生变化。此时的银行不再单纯地从事信用中介业务，而是还开展信用创造业务，这是流通信用（信用媒介原本缺乏现金作为准备金是不能获得债权人认可的，也就不能流通发行，但由于它与货币兑换凭证之间难以区分，所以银行人为地赋予信用媒介信用，进而可以流通发行，这本质上是一种信用创造），而流通信用往往会带来信用扩张。

4.4.3 信用媒介的限制及扩张

通过对货币兑换凭证和信用媒介的区别，可以发现信用媒介的发行是以货币兑换凭证为基础的，或者更进一步说，是以银行能够吸收多少存款和发放多少贷款为前提的。"在具备发行信用媒介各项必要条件之前，一定要大规模地接受存款和发放贷款。除非发行者已经被熟知和信任，否则银行券就不能顺利流通……因此，只有银行和银行家才能创造信用媒介，但是这并不是银行与银行家经营的唯一业务。"❶ 由此可见，信用媒介的发行以信贷规模为前提，也就是信用创造业务以信用中介业务为前提。只有在存款和贷款达到一定规模后，银行才能发行没有货币准备的信用媒介，而且不会面临被"挤兑"的风险。随后，米塞斯进一步指出，银行的存款业务可以划分为两种：一种是活期存款业务，另一种是投资存款业务。前者的特征在于存款人可以随时提取存款，无须事前通知，这种业务类似于保管服务，因此银行一般并不支付利息或支付极低的利息；后者的特征在于存款人必须提前通知才能提取存款，银行为此需要支付一定的利息。不管是活期存款业务还是投资存款，银行都需要提前准备好一定数量的现金以应对存款人在特定某一天的提现要求。如果银行吸收的两类存款金额足够大，那么根据大数定律，"在特定某一天银行需要支付的金额将会在那些需要进行支付的客户中进行平衡的可能性也就越大，而需要作为保证银行不会违反其诺言的准备金数额也就越小。如将两种准备金加以联合，则更易于维持"❷。所以，在米塞斯看来，银行发行信用媒介的关键有两点：

---

❶ 米塞斯. 货币与信用理论［M］. 孔丹凤，译. 上海：上海人民出版社，2018：178.
❷ 米塞斯. 货币与信用理论［M］. 孔丹凤，译. 上海：上海人民出版社，2018：179.

一是存款规模足够大；二是存款业务多样性融合。如果银行具有信用媒介发行的权力，那么它就拥有巨额的贷款资金，这些资金超过了银行本身的资源以及属于他人而由银行支配的资源的货币价值。

1. 信用媒介发行的限制

虽然银行信用媒介的发行以货币兑换凭证为基础，但米塞斯并不认为货币兑换凭证更重要，进而把它作为货币与信用理论的重点研究对象。在米塞斯看来，发行货币兑换凭证或者开展银行中介业务是一种很费钱的事情，它的成本包括印制或铸造成本、会计成本、安保成本、受骗风险。所以，货币兑换凭证的发行如果不和信用媒介的发行相关联，那么就是一笔招致破产的业务。因此，米塞斯强调："交换科学对于货币证券（货币兑换凭证）所关心的唯一问题，是发行货币证券与发行信用媒介之间的关联……信用媒介的数量或增或减就会影响货币购买力的决定，这种影响和货币数量变动发生的影响是相同的。因此，对于信用媒介的数量有无限制的问题，具有根本的重要性。"❶

米塞斯首先分析了单一银行情况下发行信用媒介所受到的限制。所谓单一银行，即在一个国家或世界范围内，唯一有权力发行信用媒介的银行，它的顾客包括所有的个人和企业。对于这样的银行，米塞斯认为，其在发行信用媒介时受到两个方面的限制：一个是银行必须维护顾客对它的信任，尽量避免引起顾客怀疑的行动，否则将面临被顾客"挤兑"的风险；另一个是银行必须维护顾客对信用媒介的预期，即银行发行信用媒介的速率必须稳定，不能使顾客形成一种不断加速的预期，否则银行将面临破产风险。从这两点来看，即使银行是一种垄断性质的存在，但出于自利的考虑，它同样不会毫无限制地发行信用媒介。

然后，米塞斯又分析了多家独立银行共存的情况。所谓多家独立银行，即每家银行都可发行信用媒介，而且它们之间是相互竞争的状态，而不是合作开展相关业务。对于这种情况下的银行，米塞斯认为，信用媒介

---

❶ 米塞斯. 人的行动：关于经济学的论文 [M]. 余晖，译. 上海：上海人民出版社，2013：455.

的发行同样受到限制。他首先假定多家独立银行之间处于一种稳定状态，即每家银行都发行一定数量的专用信用媒介，并各自拥有一定数量的专有顾客，而且不再进行新的信用扩张。随后，米塞斯假设只有一家银行单独增加了信用媒介的发行，问题的关键在于这家银行会不会因自己的个体行动而获利。米塞斯通过分析给出了否定的回答，分析过程如下：第一阶段，假设 A 银行单独增加了信用媒介的发行，而其他银行并未跟进，这样导致的后果是 A 银行的顾客由于收到了更多的信用媒介而产生了对商品和服务的更多需求，进而推高了价格；另一方面，其他银行的顾客的信用媒介并未增加，所以他们会由于价格的上升而压缩对商品和服务的购买；这两类人群的选择行动将造成市场中商品或财富的转移，即从非 A 银行的顾客转移到 A 银行的顾客，前者卖得多、买得少，而后者买得多、卖得少。第二阶段，A 银行发行的信用媒介只是货币替代品而非货币，所以只有 A 银行的顾客承认它的价值，而非 A 银行的顾客并不接受 A 银行的信用媒介。因此，A 银行的顾客为了购买商品或服务或偿还相关债务，必须将 A 银行的信用媒介兑换为货币。这就导致 A 银行的现金存款（准备金）减少，A 银行为了避免破产就必须尽快增加准备金，也就必须放弃它的信用扩张政策。所以，从信用媒介的扩张过程及影响来看，银行在竞争性的存在状态中同样不能盲目发行信用媒介。

综合单一银行和多家独立银行这两种情况来看，银行发行信用媒介是受到"天然"限制的，这种"天然"限制从本质上看是市场机制，也是消费者主权的体现：信用媒介从本质上看是银行提供的一种代替货币的"商品"，这种特殊"商品"必然要接受市场的检验和消费者的选择，而潜在的竞争压力及破产风险迫使任何一家银行都不敢随心所欲地发行信用媒介，这种限制是内生于市场的，因此是天然的。但是，政府的出现及其强力干预却改变了游戏规则，信用媒介扩展的"天然"限制被取消，进而使信用媒介的扩张走上了毫无约束的道路。

2. 信用媒介的扩张

政府对银行业务的干预主要体现为赋予一家或几家银行拒绝按契约清偿债务的特权，这种特权使这些银行在发行信用媒介时免于其他银行的竞争，也就不会受到限制。政府积极干预银行业务从表面上看是为了限制银行过度发行信用媒介和防止信用扩张。但从本质上看，政府的真正目的在于消除市场机制对银行发行信用媒介的天然限制，正是通过这种人为的干预，政府可以获得一个增加财政收入的重要来源。所以，从这一角度来看，特权银行只是政府用以实现其财政目的的工具，当政府认为情况紧急而需要采取非常措施的时候，就会"择机"放松对这些银行的限制，大肆印刷钞票和推进信用扩张。综上所述，自由银行制度是限制信用扩张的唯一途径，在这种情况下，银行发行信用媒介以自身的信誉为基础，银行总是处于与其他银行的竞争之中，它必须珍视自身在市场中形成的"名声"，一旦消费者对它的诚实和偿付能力产生怀疑，银行就会走入破产的境地。相反，政府存在加强信用扩张的动机，正是通过不断的通货膨胀和信用扩张，经济逐渐走向失衡和崩溃，这是本书下一章将要分析的内容。

CHAPTER 5 ▶ 第5章

经济的宏观结果：
资本、利息与商业周期

5.1 时间与行动

5.1.1 时间与逻辑学、行动学

时间是什么？这是一个看似深奥的哲学问题。实际上，从本质上来看，时间只是人类在认识与理解世界时借助的一种工具或方法，是七个基本物理量之一。人类生活的世界是极度复杂的，无时无刻不在变化着，而且这种变化是没有任何规律可循的。时间就源于这种变化，是人类简化世界的处理方法，所以变化与时间密不可分，相互联系。正如米塞斯所言："一个固定的、永恒不变的宇宙是脱离了时间的死寂世界。"❶ 在《人的行动：关于经济学的论文》一书中，米塞斯重点比较了逻辑体系与行动学体系之间存在的时间差异：他认为逻辑体系（如数学和逻辑学）中的联系和蕴含是共存的和相互依赖的，是同时发生的，进而是超越时间的，即这一体系的形成是不存在逻辑上的先后关系的。而人类作为一种存在心智局限性的高级动物，对逻辑体系的认知必然是逐步发展的，从较不满意的非充分认知过渡到更为满意的洞识，这是认知上的时序，并不能说明逻辑体系存在逻辑时序。相反，对于人的行动学体系，米塞斯认为其与逻辑体系存在时间差异。米塞斯的行动学从行动公理出发，借助行动的先验范畴，通过逻辑推理来构建整个理论体系。可见，逻辑上的演绎推理是行动学的根本方法，但不能由此把行动学体系与逻辑体系等同起来，进而认为行动学

---

❶ 米塞斯. 人的行动：关于经济学的论文 [M]. 余晖, 译. 上海：上海人民出版社，2013：110.

是超越时间的。米塞斯指出，"人的行动学体系在认识论上不同于逻辑体系之处，正在于它同时蕴含着时间和因果律的范畴"❶。也就是说，除了具有逻辑特征，人的行动与时间是不可分割的，原因在于：第一，行动的主体是人，而人作为一种生物生活在宇宙之中，必然受到时间的约束；第二，行动的目的在于变化，即由一种较好的状态代替较坏的状态，变化必然蕴含着时间。所以，时间属于行动的基本范畴，是行动不可缺少的元素，但行动学中的时间与自然科学和哲学中的时间的含义并不相同。在自然科学中，时间意味着事件发生的先后或持续的长短，即时间点或时间段；在哲学中，时间意味着抽象意义上的过去、现在和未来的分界线。而在行动学中，时间则是通过"条件"和"机会"来界定的：机会已逝而不能有所行动，区分了过去和现在；条件未具备而不能有所行动，区分了现在和未来。因此，在行动学中，时间既不是时间点，也不是时间段，更不是分界线，而是条件是否具备、行动是否可行。

米塞斯在行动学中对时间的理解是非常独特的，他将时间与人的欲望或目的联系了起来，具有非常明显的主观主义特征。"行动人会区别出两种时间，一是欲望得到满足以前的时间，一是满足在继续的时间。"❷ 对于第一种时间，主要是指个人已经采取指向某一目的的行动，但并未达到该目的阶段，包括自然时间（如农作物的成长期、酒的酿造期）和工作时间，米塞斯将这种时间称为生产周期，产品不同，生产周期长短也不同。对于第二种时间，主要是指个人的既定目的已经达到，欲望正在被满足的阶段，米塞斯将其称为"功能持续期"，产品不同，功能持续期也不同，持续期较长的称为耐用商品，持续期较短的称为非耐用商品。所以，任何一种产品都包括两种时间，即生产周期和功能持续期，而这两种时间必然会对行动人的行动产生影响。"在估计一个计划的负效用时，他不只计算那些必要的物质要素和劳动的支出，还要计算生产周期。在估计那件预期

---

❶ 米塞斯. 人的行动：关于经济学的论文 [M]. 余晖，译. 上海：上海人民出版社，2013：111.

❷ 米塞斯. 人的行动：关于经济学的论文 [M]. 余晖，译. 上海：上海人民出版社，2013：499.

中的产品的正效用时,他要想到这件产品的功能持续期。"❶ 可见,在米塞斯看来,决定一个人行动与否的因素,除了具体的物质消耗成本,还有同样重要的抽象的时间等待成本。时间成本的大小具有主观性,而且与利率高低密切相关,而利率高低又与信用扩张相联系,所以人的行动受到信用扩张的影响,过程为信用扩张→利率下降→时间成本下降→时间偏好改变→个人选择生产周期更长的产品的生产。而且由于生产周期与功能持续期的前后逻辑关系,个人往往对产品的生产周期更为关注,因为选择了生产周期较长产品的生产,也就选择了较长的功能持续期。因此,米塞斯认为,"行动人必须对长短不同的生产周期加以选择,对程度不同的耐用商品的生产加以选择"❷。即时间在人的行动中所起的作用完全体现为行动人在长短不同的生产周期之间所做的选择。而且米塞斯进一步指出,这些长短不同的生产周期从本质上看是行动人各种各样的欲望,所以对长短生产周期的选择就变成了对各种欲望的选择,"行动人对那些在同一段将来时间以内的各种欲望满足也要加以选择"❸。行动人选择一个较长的生产周期及其对应的欲望,是因为该行动人对较长的生产过程所生产的商品的评价,比对较短的生产过程所生产的商品的评价要高。由于评价是主观的,所以选择是主观的,时间也是主观的。这就是行动学意义上的时间,具有鲜明的主观主义特征。此外,米塞斯对较长生产周期的生产(即庞巴维克所说的迂回生产)做了简单的分析。庞巴维克认为费时的迂回生产具有较高的生产力,而米塞斯指出这一说法不太恰当,他认为,较高的物质生产力的生产过程往往需要较多时间,而且较高的生产力不一定体现为它们能够用同样的生产要素生产出更多的产品,而是体现为它们能够生产出那些在较短生产周期内根本无法生产出的产品。所以,较长生产周期的价值不仅体现

---

❶ 米塞斯. 人的行动:关于经济学的论文[M]. 余晖,译. 上海:上海人民出版社,2013:500.

❷ 米塞斯. 人的行动:关于经济学的论文[M]. 余晖,译. 上海:上海人民出版社,2013:501.

❸ 米塞斯. 人的行动:关于经济学的论文[M]. 余晖,译. 上海:上海人民出版社,2013:502.

在能够提高产品的生产效率，更重要的是体现在它们能够生产出全新的产品。

5.1.2 时间偏好与行动

通过上面的分析，可以知道行动人之所以会选择生产更耗时的产品，主要是因为这种产品是一种全新的产品，如它的功能持续期更长。但米塞斯认为，这个事实并不包含对时间的考虑，因为在这种情况下，行动人比较的是两种不同的产品（功能持续期较长的产品与功能持续期较短的产品），并非纯粹对时间进行评价。对时间的评价（即时间偏好），指的是"一个在作选择的行动人，是否可能把一个在较远的将来才可获得的功能，和一个在较近时期即可获得的功能给以相等评价"❶。米塞斯认为，时间偏好是人的行动的一个绝对必要的因素。"我们无法想象一种行动不把近期的满足看得比远期的更重要……如果一个人不是把近期的满足看得比远期的更重要，他就永远不为满足欲望而消费。他永远在积累而不消费和享受。"❷ 可见，米塞斯主张时间偏好的正向性，而且他强调这种特性是作为"行动学定理"出现的，是人的行动的本质特征，具有"元范"性。除此之外，米塞斯指出了人具有正的时间偏好的原因是消费：如果可以不顾通过消费而生存的需要，人们可能永远都会选择最长的生产过程。正是为了生存的需要，行动人才会考虑时间的流逝，并且在某些时刻，偏好较早的结果而非较晚的结果。实际上，米塞斯对于消费的强调恰恰抓住了人的动物本性：人作为一种生活在世界中的高级动物要想生存下去，就必须不断地消费。所以，时间偏好并不是人类所特有的，它是一切动物行为的先天特征。只不过与其他动物相比，人的时间偏好具有能动多变性，即人会根据相关因素的变化来能动地改变自己的时间偏好，也就是说，人的偏好不完全基于本能，而是与人的主观评价密切相关。

---

❶ 米塞斯. 人的行动：关于经济学的论文 [M]. 余晖，译. 上海：上海人民出版社，2013：503.

❷ 米塞斯. 人的行动：关于经济学的论文 [M]. 余晖，译. 上海：上海人民出版社，2013：504.

第5章 经济的宏观结果：资本、利息与商业周期

米塞斯的时间偏好理论是以其导师庞巴维克的时间观点为基础的，但又与后者表现出极大的差异性。作为奥地利学派的著名代表人物，庞巴维克虽然并不是时间偏好理论的开创者（米塞斯认为开创者是杰文斯），却是第一位详细阐述这一问题的经济学家。庞巴维克认为，"相等数量和质量的当前财货一般比未来财货具有较高的主观价值"❶。所以，由于当前财货相对于未来财货的时间偏好，可以认为生产要素比起此时此地相应数量的产品具有较小的价值，如果没有时间偏好，它们的价值应该是相等的。随后，庞巴维克指出了人具有时间偏好的三个原因：第一，当前的需要通常不如未来的需要更易得到满足；第二，人类容易低估未来需要的价值；第三，较迂回的生产方式具有更高的物质生产力。从这三个原因来看，庞巴维克并未主张时间偏好一定为正，他认为时间偏好可正可负。对于庞巴维克的主张，米塞斯肯定和赞同了他对生产周期的强调，并认为他是关注这一问题的第一人，但米塞斯并未完全接纳庞巴维克的所有观点：首先，米塞斯坚决反对庞巴维克对时间偏好的心理学解释。米塞斯认为，心理学无法说明时间偏好是人类行动的本质要素，是作为行动学公理出现的。"它可以说明有些人或许多人的行动，受的是他们来自某些动机的影响。它不能说明人的一切行动必定受一个绝对确定的因素的支配，这个因素毫无例外地在每个行动中发挥作用。"❷ 也就是说，基于心理因素的时间偏好理论并不能解释人的所有行动或所有人的行动，或者说按照这一理论逻辑，可以发现时间偏好可以为正，也可以为负（正的时间偏好即认为当前财货优于未来同类财货，负的时间偏好则相反）。其次，米塞斯认为庞巴维克误解了生产周期的概念。米塞斯主张："生产周期乃人的行动学通论的一个范畴，而它在行动中所起的作用，完全在于行动人于长短不同的生产周期之间所作的选择。"❸ 可见，米塞斯将人的选择或人的因素放在了第

---

❶ 庞巴维克. 资本与利息 [M]. 何崑曾，高德超，译. 北京：商务印书馆，2010：265.
❷ 米塞斯. 人的行动：关于经济学的论文 [M]. 余晖，译. 上海：上海人民出版社，2013：508.
❸ 米塞斯. 人的行动：关于经济学的论文 [M]. 余晖，译. 上海：上海人民出版社，2013：509.

一位，而长短不同的生产周期及其象征的不同产品只是作为被选择的对象而出现。因此，米塞斯对产品生产周期的理解是面向未来的，对不同产品的评价标准只能是看它们对将来欲望的满足有无用处，而不是看过去为生产它们耗费了多少时间。与米塞斯相反，庞巴维克提出了"平均生产周期"概念和迂回生产理论，主张生产周期较长的生产方式具有较高的物质生产力，这是典型的生产力研究法。所以，庞巴维克对生产周期的理解是以过去为基础的，对不同产品的评价标准是看过去为生产它们耗费了多少时间。

虽然米塞斯对庞巴维克的观点进行了驳斥，但他并不否认庞巴维克在时间偏好理论方面的贡献，后来的瑞典经济学家维克塞尔、美国经济学家费特以及新古典经济学家费雪等人在该领域的成就都是以庞巴维克的研究为基础的。美国经济学家欧文·费雪在建立其新古典的利息理论时，表达了他对时间偏好的看法。他认为时间偏好是时期之间的偏好，即喜欢在时期 t_1 得到收益，而不是在时期 t_2（t_2 比 t_1 要迟）得到收益。根据费雪的观点，我们在现实生活中可能会发现一种特殊情况，即一个人可能喜欢在一个更晚的时期 t_2，而不是在早一些的 t_1 收到一个物件。例如，在冬天的时候，有人可能喜欢在 6 个月之后（夏天），而不是现在收到一块冰。对于这种情况，庞巴维克及新古典经济学家并未作出明确的解释，他们将其视为不太常见的例外，并不会对正的时间偏好假设的有效性产生干扰。或者说，他们认为时间偏好可正可负，只是负的时间偏好是很少被观察到的。但米塞斯认为正的时间偏好是先验存在的，具有逻辑上的必然性，所以必须对这些例外情况作出解释。米塞斯认为："如果说那个特定的时期（在这个时期某个物件被收到）改变了一个人对某物的评价——无论那个时期（距离'偏好'被确认的时刻）是近是远，就意味着'时期'本身（而不是距离作出评价那个时刻的时间长短）即为支配评价的因素。"❶ 我们借助上面的例子对米塞斯的观点进行解释。米塞斯主张，如果夏天（未来特定

---

❶ 柯兹纳. 米塞斯评传：其人及其经济学 [M]. 朱海就，译. 上海：上海译文出版社，2010：143.

第 5 章 经济的宏观结果：资本、利息与商业周期

时期）改变了一个人对冰的评价，那么无论夏天距离冬天（偏好被确认的时刻）多远或多近，夏天本身就是支配评价的因素，而不是距离冬天（作出评价的时刻）的时间长短。也就是说，夏天和冬天这两个时期或时间段而不是时间影响了人们对冰的主观评价，这种时期或时间段对评价的影响并非时间偏好所产生的影响，因为时间偏好与将来有关，而与时期无关。借助经济学中的术语，可以对米塞斯的时间偏好理论作出如下解释：在米塞斯的时间偏好理论中，时期因素应该被作为外生变量来看待，是假设不变的。然后，在这个前提下，再去考虑时间偏好。对个人评价的影响，即必须考虑同一时期内，时间偏好对个人评价的影响。所以从这点来看个人喜欢"下个夏天里的冰块"，而放弃"现在冬天里的冰块"这个例外，并非对米塞斯正的时间偏好理论的否定。持否定观点的人只是未完全理解米塞斯对时间的界定，他们混淆了时期与时间。

综上所述，庞巴维克的理论与费雪的主张从本质上看是一致的。他们把时间偏好理解为同质的当前财货和未来财货之间的价值差额，并由此来解释利息问题。这种看法存在一个根本缺陷，即与主观价值理论相冲突：当前财货与未来财货不仅在数量上存在差异，而且它们也不可能是相同性质的，因为它们满足的是不同时期的个人需求。而根据主观价值论，个人需求的变化决定了其对财货或产品的评价不同。也就是说，当前财货与未来财货根本就是异质财货，而不是同质财货，它们的价值差额可能并不是由时间造成的。可见，庞巴维克和费雪的时间偏好理论与主观价值论相矛盾，他们的观点只能通过客观价值论或生产力理论来解释，而后者恰恰是新古典经济学所极力反对的理论。

米塞斯充分认识到了庞巴维克和费雪理论中存在的缺陷，他对时间偏好的理解更为准确和纯粹。米塞斯用时间偏好来指称同一财货在两种不同用途（现在和未来）之间的一个反事实的价值差额。[1] 我们之所以强调价值差额的反事实特征，是由于时间的不可逆性。我们生活在时间的洪流之

---

[1] 反事实推理是设定与事实相反的条件，以确定变量之间的因果关系，使个体将事件的真实状态与假设的、希望的理想状态进行比较的过程。

中，所采取的每一次行动都具有唯一性。以目前的技术来看，我们无法穿越到采取行动的时刻并作出一个与事实不同的选择，然后比较这两次行动或选择的价值差额。面对时间，我们所能做的只是根据经验与知识对财货的两种不同用途作出一个基于假设的比较和选择。所以，在米塞斯看来，时间偏好具有正向性，因为对于任何财货，人们都倾向于现在而不是未来拥有它；其次，时间偏好具有主观性，因为时间偏好本质上是在现在与未来之间所做的一种选择；最后，时间偏好具有先验性，因为时间偏好来源于逻辑推理，而非经验观察。对于最后一个特性，米塞斯又做了进一步的深入解读。他认为，"人必须通过消费来继续生存"这一先验公理导致了时间偏好的产生，因此人的行动之中必须存在时间偏好，否则人类就会灭绝。当然，"这并不是说明时间偏好是决定人的行动的唯一因素。而是意味着，为了继续生存，人类必须在'某些时刻'偏好较短而非较长的生产过程，即使较长的生产过程具有更大的物质生产力"[1]。由此可见，消费者及消费活动似乎是一切经济现象的根源（这也符合奥地利学派的方法论特征）。首先，在产品市场领域。门格尔及其门徒一直主张消费者的选择决定了消费品的价格（即由价值向价格的转变，也可称为市场过程），并且间接地决定了生产原料的价格（即人们对生产原料的需求是一种引致需求，这种需求由企业家的选择来形成）。其次，在货币领域。由于时间偏好的影响，资本与利息现象似乎也根源于消费，因此可以把资本和利息理论整合进一般的价格理论之中。实际上，在产品市场中，我们重点关注的是消费者对同一时间、不同财货的选择行动及其市场化过程；而在货币市场中，我们重点关注的是消费者对同一财货、不同时间的选择行动及其市场化过程。所以可以认为，消费者在整个市场过程中是至高无上的，是拥有绝对主权的，这也是米塞斯一直坚持的经济学思想。

---

[1] 许尔斯曼. 米塞斯大传[M]. 黄华侨, 等译. 上海：上海社会科学院出版社, 2016: 514.

5.2 资本品与生产周期

根据前面的分析，我们知道时间偏好在人的行动中扮演了非常重要的角色，但它并不是决定人的行动的唯一因素，也就是说，人在"另外一些"时刻会选择一些较长的生产过程，而不是较短的生产过程。❶ 那么，人们为什么会放弃较短的生产过程而选择较长的生产过程呢？庞巴维克认为，生产周期的每一次延长都有赖于这个条件，即"必须有一批在数量上足够的现在商品，可用以度过从准备工作的开始，到收获其产品这段延长了的中间时期"❷。所以，庞巴维克的"另外一些时刻"指的是个人拥有足够的生活必需品以度过延长的生产周期的时刻，而对于什么是"足够的"生活必需品，按照庞巴维克的思路只能从生理学上来界定，如维持人类生命个体所需的最低的蛋白质、糖和脂肪数量等，这似乎是一个客观事实。对于庞巴维克的观点，米塞斯表示反对："'足够的数量'这个说法，有必要加以说明。它不是指一个足够维持最低生活的数量。这里的数量必须大到足以使下述欲望全部得到满足：在等待期当中，其满足被认为是比那更长的生产期所将提供的利益更为重要的那些欲望。"❸ 所以在米塞斯看来，人的选择发生变化（即选择较长的生产过程，而放弃较短的生产过程）的"另外一些时刻"指的是等待期中各种比更长的生产过程所带来的欲望满足更重要的欲望都得到了满足，而由于人的欲望具有主观特性，这里所说的"数量"或"时刻"完全是个人主观上的一种判断。

通过对米塞斯观点的分析，我们发现影响人的行动或选择的因素，除了正的时间偏好，还有一个非常重要的因素，即当前个人所拥有的产品数

---

❶ 需要注意的是，这种行动并不意味着对正时间偏好的否定，这只是当外生变量发生改变时，人的行动发生的一种变化。

❷ 米塞斯. 人的行动：关于经济学的论文 [M]. 余晖, 译. 上海：上海人民出版社, 2013: 507.

❸ 米塞斯. 人的行动：关于经济学的论文 [M]. 余晖, 译. 上海：上海人民出版社, 2013: 507-508.

量，如果这个数量满足前面米塞斯所强调的主观判断，那么个人就会选择较长的生产过程，这两种因素相互作用，共同影响着个人选择。对于后一个因素，它的大小决定了资本品能否被产生。当目前生产的产品数量大于目前消费的产品数量时，就会产生剩余或储蓄。储蓄是增进物质福利以及促进其持续不断增长的第一个步骤："想采用较长生产过程的人们，必须首先通过储蓄积累一些消费品，这些消费品是在等待期内，用以满足那些他们认为比那些可从较长期的生产过程获得的福利增加更为迫切的欲望。"❶ 储蓄即把产品的消费延迟到日后，它是资本积累的基础，但储蓄起来的消费品并非都是资本品，这取决于储蓄的用途：当储蓄起来的消费品被用于日后消费，那么它们就只是财富而已；当储蓄起来的消费品被用于较长期生产过程中工人的耗费，而且被生产出来的中间产品或最终产品所取代，那么，这些储蓄便具有了资本品属性，即资本品是为了生产而被消费的。由此可见，储蓄是资本品产生的前提基础：如果没有储蓄，人们就会在正的时间偏好作用下"急于"满足目前的欲望；只有在储蓄诞生后，人们才会突破正的时间偏好的约束，去"规划"未来的各种长短不一的生产过程。

5.2.1 资本品的本质

资本品是为了生存而存在的。"在市场经济里，生产是一个被分为无数部门而又继续不断的一个过程。无数的生产程序以不同的生产周期同时进行。它们相互补充，同时又相互竞争那些稀少的生产要素。"❷ 所以，生产过程具有阶段性，这也就决定了资本品的具体表现形式具有多样性：它们中有一些比较接近生产的最后阶段或最终产品，有些则距离较远，但它们都是以中间产品的"身份"出现的。主流的经济学或经济学家在论及生产要素时，一般都认为有三种：土地（自然赐予的物质要素）、劳动（人

---

❶ 米塞斯. 人的行动：关于经济学的论文 [M]. 余晖，译. 上海：上海人民出版社，2013：511.

❷ 米塞斯. 人的行动：关于经济学的论文 [M]. 余晖，译. 上海：上海人民出版社，2013：511-512.

的要素）和资本品（过去生产的中间要素）。米塞斯认为，他们对资本品的看法缺乏以一种分析和理解的眼光来看待经济现象的能力，他们并未追寻资本品的本质，即资本品是怎么生产出来的，而是简单地把资本品当作一种与土地和劳动并列的生产要素来看待。米塞斯指出了这类观点的局限性，他主张："资本品——过去生产出来的再生产要素——不是一个独立要素。它们是过去消耗掉的两个原始要素——自然与劳动的联合产品……它们是贮藏起来的劳动、自然和时间。不靠资本品帮助的生产与利用资本品的生产，其间的区别在于时间……利用资本品生产的人比不利用资本品的人更接近于他的最终目标。"❶ 可见，米塞斯非常强调资本品中的时间成分，所以，从这点来看，资本品的多样性本质上就是时间成分的多少不同，而拥有不同的资本品就意味着在时间上占有不同的优势。以近两百年东西方国家的发展为例：东西方国家的发展差距问题并不能简单地通过知识和技术的扩散加以解决，必须同时向落后国家输入更多的资本品，因为落后国家真正缺乏的不仅是理论知识和应用技术，还有各种先进的生产设备等资本品，如果没有这些资本品，落后国家即使掌握了相关技术，也需要漫长的时间才能获得相应的资本品，这无疑延缓了这些国家的发展速度。所以，有资本品可以使用，就等于更接近追求的目标，而资本品的缺失将导致人们不得不放弃原本可以实现的某些目标或者缩减消费。

5.2.2 资本品的可变性

从本质上看，资本品是为了实现一定的目标，通过耗费自然、劳动和时间而生产出来的中间产品。所以，资本品的有用性是以目标的存在为前提的。如果原有目标发生变化，那么为了实现新目标，已经生产出来的资本品便面临一种能否调整使用方向或能够调整多少的限制。这就是资本品的可变性，新制度经济学的创始人将其称为资产专用性（资产在没有价值损失的前提下能够被不同的使用者用于不同投资场合的能力）。米塞斯认

---

❶ 米塞斯. 人的行动：关于经济学的论文［M］. 余晖, 译. 上海：上海人民出版社, 2013：513.

为,"一定的生产程序愈是接近它的最后目标,它的中间产品及其目标之间的关联就变得愈密切……则其转变照例会愈加困难"❶。可见,资本品的可变性实质上是一种渐变性,这种特性使生产者可以为适应不同的生产情形来调整资本品的用途。但有的资本品可能完全没有可变性,即无法从原来计划的用途转变为其他用途。有的资本品可能具有较高的可变性,即可以在不同用途之间进行转换。对于第二种资本品,生产者可以将资本品转换为资本,再转换为其他形式的资本品,从而实现更好的收益。然而,大部分资本品都不具有完全的可变性,即具有一定的资产专用性,这就导致资本品在不同用途之间进行转换时会出现价值损失。一些特殊的资本品甚至具有极高的资产专用性,导致其无法在不同用途之间进行转换。随着资本品数量的增多,可变性问题便愈发严重,所以资本品的可变性是有限的。而且资本品的这一特性使生产结构存在一定的惯性,无法作出及时有效的调整,为商业时期的形成奠定了"基础"。

5.2.3 资本品的保守性

一方面,在资本主义迅速发展的今天,技术、知识和消费者的需求每天都在发生变化,即市场环境一直处于变动之中,需要企业家不断地作出调整;另一方面,资本品却具有有限可变性。面对这一困境,米塞斯认为,资本品是一个保守性的因素。它们强迫我们调整自身行动,以适应我们自己以前的行动和历代祖先的思想、选择及其行动造成的那些环境。❷所以任何物质财富都是历史活动的遗产,它们体现于许多具有有限可变性的具体资本品中。面对这些"保守"的资本品,今天的我们有两种选择:一是当我们面临不同的目标和不同的生产方法时,抛弃现有资本品,然后重新生产新的资本品;二是调整现有的生产程序,以适应现有资本品的特征,从而充分利用现有资源。实际上,生产者面临两种选择:是继续利用

---

❶ 米塞斯. 人的行动:关于经济学的论文 [M]. 余晖,译. 上海:上海人民出版社,2013:523.

❷ 米塞斯. 人的行动:关于经济学的论文 [M]. 余晖,译. 上海:上海人民出版社,2013:526.

已积累的资本品，还是把它们报废。米塞斯指出，这种选择是完全依赖于消费者的，消费者通过对不同商品买与不买的行动来引导生产者对相应资本品的"去"与"留"作出选择：用于生产消费者喜欢商品的资本品被留下，而用于生产其他商品的资本品则被淘汰。所以，生产者对资本品的选择进一步体现了消费者主权，比如，一部效率更高、技术更先进的机器一般并不会马上取代旧机器，而是要看新机器比旧机器好到什么程度。只有当好的程度足够弥补更新的额外费用时，旧机器的报废才划算、合理。以此理论为基础，米塞斯对许多干预性理论提出了反驳，如幼稚工业的保护性关税理论。他认为，这种关税理论忽视了旧工厂中无法改变和转移的大量资本品的价值。只有当对新工厂中幼稚工业的保护所产生的好处大于旧工厂中资本品的价值时，这种保护才是划算的。那么，新工厂的幼稚工业根本不需要保护，它通过市场竞争机制就可以战胜旧工厂。否则，保护就是一种资源浪费，把本不该作废的资本品人为地淘汰了。❶

5.2.4 资本品与资本

资本品的可变性体现了资本品在不同用途之间转换的可能性，资本品的保守性体现了新、旧资本品之间对比的可能性，这两种可能性必然引导出一个重要的问题，即不同的资本品之间如何比较。此外，资本品属于生产过程中的中间产品，随着生产活动的开展，它的具体形式在不断变化。因此，如果不借助货币计算，我们就无法比较不同生产过程效率的高低。所以，基于货币的计算成为了必需，通过这种计算可以记录资本品生产过程中的每项支出，进而可以对不同用途的资本品和新、旧资本品进行比较。而对资本品的货币计算便产生了资本的概念，简单来说，资本品的货币表现即资本。资本这个概念在物质世界中并没有相对应的具体事物，它只是经济计算中的一个要素，离开了具体的资本品，就不存在任何抽象的资本。而且米塞斯指出，在简单经济情形中，只存在资本品，而不存在资

---

❶ 米塞斯. 人的行动：关于经济学的论文［M］. 余晖，译. 上海：上海人民出版社，2013：529.

本。因为在这种情形中,即使没有货币计算,同样可以实现经济的良好运行。但在复杂经济中,则不能没有资本,即资本品的货币计算,因为资本品的数量巨大且多变,难以以"物"的形式进行协调,必须以"资本"的形式来润滑经济。

5.3 时间偏好视角下的利息

古典经济学时期的经济学家认为存在与三种生产要素——土地、劳动和资本相对应的收入,即租金、工资和利息,他们主张这三种收入是来自三种生产要素的特定收益。米塞斯将这类观点称为生产力利息论并加以反驳,他认为凡是从生产力和功用的观点来研讨利息问题,所犯的错误均是研究者把利息现象追溯到一些生产要素在生产中的功用。但是,生产要素的功用只决定要素本身的价格,并不决定利息。❶ 米塞斯对利息问题的研究是以其独具特色的时间偏好理论为基础的,而米塞斯的时间偏好理论来源于他的导师庞巴维克,但二者又存在差异:庞巴维克认为时间偏好是经验的,可正可负,来源于人的心理因素;米塞斯则认为时间偏好是先验的,只能为正,来源于人的消费本性。因此,在庞巴维克看来,生产是一个消耗时间的过程,而利息或利率的出现是因为企业家为了现在就开始消耗时间的生产活动,必须鼓励资源所有者将资源投入生产中,然而资源可预期的回报要过一段时间才能获得,而资源的所有者是不愿意这么做的,除非这些耗费时间的生产过程的成果,其价值要大于这些资源所有者在当天的实时市场上对资源进行交易而获得的价值。❷ 从庞巴维克的主张来看,他似乎更强调时间与生产不可分割的密切关系,他认为时间通过生产过程"凝固"在耐久品当中。

米塞斯认为庞巴维克对时间的这种处理存在缺陷,引起了人们对利息

---

❶ 米塞斯. 人的行动:关于经济学的论文 [M]. 余晖,译. 上海:上海人民出版社,2013:544.

❷ 柯兹纳. 米塞斯评传:其人及其经济学 [M]. 朱海就,译. 上海:上海译文出版社,2010:136.

第 5 章 经济的宏观结果：资本、利息与商业周期

的一种错误认识。在米塞斯看来，"时间"对于我们理解利息现象来说完全是事先意义上的。在一个多时期的世界中决策，生产者、消费者和资源所有者都会用前瞻的方式来看待时间。❶ 所以，米塞斯认为，时间在行动中所起的作用并不像庞巴维克所说的"凝固"，而在于行动人在长短不同的生产周期之间所做的"选择"。从这点来看，时间是行动的根本特征，它的存在与发挥作用不依赖于生产过程。米塞斯对时间的看法也决定了他如何看待资本与资本品：他拒绝用"资本"这个词来指代"人造的生产要素的全部"，因为它们之间无法比较、加总，但同意把它作为一个会计概念来使用，即资本在现实世界中并无对应物，只会在会计账簿中出现；资本品的出现说明生产者采用了消耗时间的生产过程，但如果一个消耗时间的生产过程具有营利性，那么这应该归功于生产者作出了正确的时间选择，而不应归功于资本品本身。因此，利息或利率与资本或资本品没有任何关系，绝不是它们生产力的回报。正如米塞斯所言，利息是人的行动中一个普遍范畴因素的"经济表现"，这个因素就是"正的时间偏好"。这个因素在跨期价格结构中产生一种"特征范式"，在贷款市场中就表现为人们熟知的利率现象。❷ 可见，利率是正的时间偏好在特定市场的表现。也就是说，生产绝非利率之源，即使不存在生产，也会存在利率，但利率会对生产产生深远影响，这种影响主要是通过改变生产者的行动来实现的。生产者在生产过程中需要作出的选择行动包括用什么样的设备（如用离目标较远的资本品还是离目标较近的资本品）、用何种生产技术（如用先进的技术还是落后的技术）去生产何种消费品。每种选择都需要生产者在跨期市场中在市场价格的引导下，对资源所有者和消费者的时间偏好做适当的考虑，同时也要对各种可替代的生产过程（包括不同的技术水平和时间特征）做适当的考虑。总之，利息或利率的高低会对生产者的多种选择行动产生影响，然后影响相关生产要素的流动方向，最终改变宏观的经济结

---

❶ 柯兹纳. 米塞斯评传：其人及其经济学 [M]. 朱海就，译. 上海：上海译文出版社，2010：137.

❷ 柯兹纳. 米塞斯评传：其人及其经济学 [M]. 朱海就，译. 上海：上海译文出版社，2010：140.

构。因此，米塞斯指出，由货币供应规模扩张导致的人为低利率将扭曲生产决策，并误导生产者采取与跨期消费者偏好结构不相容的生产过程，进而导致商业周期中的衰败和萧条。

5.4 利息、信用扩张与商业周期

米塞斯关于商业周期的研究主要集中于 1912 年出版的专著《货币与信用理论》、1928 年的论文《货币稳定与周期政策》、1940 年出版的专著《国民经济学》和 1949 年出版的《人的行动：关于经济学的论文》中。随着研究的深入，米塞斯在该领域的思想日趋成熟，形成了完善的商业周期理论，其核心思想是：货币供应的改变将不可避免地导致生产和交换结构的失调，但市场必定要对由此产生的失调进行纠正，而这表现出来的就是商业周期中的衰败和萧条。可见，米塞斯的商业周期理论是从货币入手来展开的，他的这一洞见主要借鉴了维克塞尔的货币思想。后来，米塞斯的这一理论由哈耶克在 20 世纪 30 年代加以详细阐述和创造性构建，并在经济学界广为人知。

5.4.1 原始利率与市场利率

米塞斯的商业周期理论是从区分两种利率开始的：一种是原始利率（或自然利率），即在没有货币媒介的情况下，真实的资本品被借出，在这时由资本品的供求决定的利率；另一种是市场毛利率（或货币毛利率），即人们需要货币或货币替代物，并用货币或货币替代物归还贷款时的利率，也就是贷款利率。由于原始利率源于真实的时间偏好，所以它一般不受货币关系变动的影响。相反，市场毛利率则会受货币供需关系变动的影响。之所以会出现这种差异，是因为市场毛利率的组成比较复杂。首先，市场毛利率必然包括只受时间偏好影响的原始利率，前者是在后者的基础上进行波动的。其次，市场毛利率还包括来源不确定的企业家成分。米塞斯认为，贷款的市场利率并非纯利率，必然包括一些非利率因素，比如，政府的强制干预导致信用交易或延期支付并非绝对安全，债权人为了规避这种风险可能带来的损失，会根据政治干预的危险程度来调整贷款利率中这一组成部分比例的高低。❶ 最后，市场毛利率还包括源于货币购买力预期的价格贴水成分。由于在现实生活中，价格一直在波动，即货币的购买力一直在发生变化，行动人必须充分考虑这些变动：如果贷款人预期未来价格上涨，那么他就会要求在市场利率的基础上加上较高的贴水利率；相反，如果贷款人预期未来价格会下跌，那么他就会要求一个较低的贴水利率。但不管怎样，在真实的变动经济中，价格贴水是无法完全消除货币供需关系变动带来的影响的。正如米塞斯所说，价格贴水并非产生于一个可以提供可靠知识和消除未来不确定性的数学计算，它乃产生于促进者对未来的理解以及基于此而进行的计算。❷

由此可见，构成市场毛利率的原始利率、企业家成分和价格贴水，分别取决于行动人的主观时间偏好、主观判断和主观预期。所以，在借贷市场中，由于借贷关系各具特点，行动人作出的各种判断和预期也不尽相同，从而导致市场毛利率也不可能具有一致性。米塞斯认为，把那些关于公开市场的利率资料或中央银行贴现率的资料安排在时间序列中，是无用的。因为可用来这样处理的各种资料都是不能相互比较的。❸ 所以，从这点来看，米塞斯对利率的解释和理解也完全贯彻了他的主观主义认识论思想，即价格并非与某些物品不变的物理性质有关，而是与行动人赋予它们的变动价值有关。❹

米塞斯进一步指出，由借贷市场决定的市场毛利率虽然可以在稳定经济中与企业家成分和价格贴水相分离，并向原始利率不断趋近。然而，在现实的变动的经济中，价格贴水可能偶然出现，企业家成分则是必然出现

---

❶ 米塞斯. 人的行动：关于经济学的论文 [M]. 余晖, 译. 上海：上海人民出版社, 2013：560.

❷ 米塞斯. 人的行动：关于经济学的论文 [M]. 余晖, 译. 上海：上海人民出版社, 2013：563.

❸ 米塞斯. 人的行动：关于经济学的论文 [M]. 余晖, 译. 上海：上海人民出版社, 2013：565.

❹ 米塞斯. 人的行动：关于经济学的论文 [M]. 余晖, 译. 上海：上海人民出版社, 2013：566.

的，甚至原始利率也并不是固定不变的。所以，市场毛利率是多变的，不具有稳定性，而这种多变性正是企业家获取利润的来源，并影响着企业家的行动。

5.4.2 信用扩张与虚假繁荣

米塞斯在他的货币与银行理论中，把银行的业务分为信用中介业务和信用创造业务，并有两种凭证与两种业务相对应，即货币兑换凭证和信用媒介。对于这两种凭证，米塞斯强调虽然二者以有无等额现金作为准备金进行概念上的区分，但二者并不能进行使用上的区分，即不能明确货币替代品（银行券、银行票据）究竟是货币兑换凭证还是信用媒介。所以，对于银行来说，就存在信用媒介扩张的可能性和内在激励性。

通过上面的分析可知，如果没有信用扩张的介入，市场毛利率主要由贷款人的时间偏好、企业家成分和货币购买力预期三种因素决定。而借款人是否在该利率下进行借款则取决于其对未来产品价格的预期：如果产品的预期价格减去利率以后仍然比生产要素现在的价格要高，那么就进行借款。所以利率的高低会对借款人的借款行为或者说企业家的投资行为产生决定性的影响，而利率的高低又受到信用扩张的影响。在米塞斯看来，信用扩张主要是对信用媒介的扩张。他认为虽然信用媒介的发行以货币兑换凭证为基础，即以银行有多少存款为前提，但对于银行来说，货币兑换凭证及其银行中介业务是一笔招致破产的业务。只有信用媒介的发行才能给银行带来巨大的利益。米塞斯进一步指出，不管是在单一银行还是在多家独立银行的情况下，信用媒介的发行都受到市场机制的"天然"限制，银行为了避免被"挤兑"和破产都不会过度发行信用媒介。但政府的干预突破了这一限制，进而导致信用媒介的发行毫无约束，而政府的干预主要体现为赋予一家或多家银行拒绝按契约清偿债务的特权，而这一特权不仅使银行避免了竞争带来的约束，而且使政府获得了增加财政收入的一个重要来源。所以，在米塞斯看来，政府才是信用扩张的"罪魁祸首"，而要解决这一问题，可以通过建立自由银行制度来实现。

特权银行及其背后的政府均具有过度发行信用媒介的动机，这一扩张

第5章 经济的宏观结果：资本、利息与商业周期

过程首先将导致市场毛利率的下降，甚至降低到原始利率或自然利率以下，进而影响企业家的计算行为和投资行为。在米塞斯的理论中，企业家是为未来不确定性承担责任的行动人，是渴望获得利润的行动人。企业家能否获得利润取决于两个方面的决策：一是对消费者未来需求的预测，即对商品未来价格的预测；二是对生产要素的运用，即如何将生产要素投入特定的用途和目标上。而利率在这两个方面的决策中起到了非常重要的作用：企业家的计算以市场决定的商品价格、工资率和利率为基础；他们发现在一些辅助性生产要素的现在价格与减去利率以后的产品的预期价格之间尚有差额，这样就产生了利润。❶ 利率正是通过利润来影响企业家行动的：利率可以引导企业家是否应该把生产要素从满足较近期欲望的用途上转移到满足较远期欲望的用途上；利率可以引导企业家安排多长的生产周期以适应消费者对现在商品和未来商品的评价差异；利率可以将企业家的投资计划限定在大众的储蓄所能提供的资本品上。所以，利率影响着企业家的投资行为，也就影响着生产要素在不同行业之间的流动，进而决定了市场的经济结构。但米塞斯判断货币利率下降是否有害的标准并不像维克塞尔那样，后者主张货币利率低于自然利率即有害，而米塞斯认为这一标准应该是没有信用扩张的经济体中的货币利率，所以，米塞斯进一步主张100%的存款准备金率。

此时，由信用扩张导致的市场毛利率下降使企业家的计算归于无效，因为这样的市场毛利率并未真实反映消费者对当前商品与未来商品的偏好，即企业家收到了错误的市场信号。然后，企业家会作出错误的判断和决策：他们的投资超出了可用于生产的资本品供给，将生产要素从满足消费者最迫切欲望的途径转向了其他较不迫切的途径，也就是庞巴维克所说的，生产者进入了更为迂回的生产过程。如果按照正确的市场信号（利率）进行计算，有些计划是不可执行的，但此时这样的计划在较低的利率水平下将变得有利可图。企业家们纷纷开始执行这样的计划，而企业的扩

---

❶ 米塞斯. 人的行动：关于经济学的论文 [M]. 余晖，译. 上海：上海人民出版社，2013：566.

张行为导致的新增需求将推高相关生产要素的价格和工资率，工资率的上涨进而又导致消费品的价格上涨。消费品价格的上涨使企业家更加坚信他的错误判断，并继续进行生产，这便产生了一种生产与消费不断互相推高的恶性循环，塑造出一片欣欣向荣的假象。这种繁荣的假象以持续不断的信用扩张为基础。所以，当借贷市场没有信用媒介增量投入时，"繁荣"就会戛然而止。即使信用扩张能够继续下去，但它终将遇到某些阻碍信用无限扩张的因素。它会走向疯狂的繁荣而导致整个货币制度的崩溃。❶

5.4.3 货币非中性与商业周期

米塞斯认为，货币理论的精髓在于认清现金引起的货币关系的变动，对各种价格、工资率和利率的影响既不是同时的，也不是同样强度的，即货币是非中性的。❷ 这也是奥地利学派另一位著名代表——哈耶克的主张。货币供给的增量必须从某一点"注入"经济体，它不可能同时分摊到每一个消费者和生产者身上，或者每一个行业中去，而只能以缓慢扩散的方式逐渐影响整个经济体系：先接触到增量货币的个人将率先改变自己的购买行为或生产行为，而后接触到的个人将随后改变其相关行为。所以货币的非中性特征导致了行动人的行动有先后之分，而这种区别导致了资源或财富的重新配置：先接触增量货币的人（既是消费者又是生产者）在用增量货币购买相关物品时，货币的购买力并未发生明显变化，即他们可以用与以前同样数额的货币购买到与以前同样数量的资源；相反，后接触增量货币的人（同样既是消费者又是生产者）在用增量货币购买相关物品时则会发现，他们已经不能用与以前同样数量的货币购买到与以前同样数量的资源，即他们只能买到更少的资源，原因在于货币已经扩散开来，其购买力已经下降。在这一过程中，资源或财富便从后者转移到了前者那里，而且是一种强制的、隐形的转移。所以，信用扩张最大的问题在于它只是一味

---

❶ 米塞斯. 人的行动：关于经济学的论文 [M]. 余晖，译. 上海：上海人民出版社，2013：573.

❷ 米塞斯. 人的行动：关于经济学的论文 [M]. 余晖，译. 上海：上海人民出版社，2013：575.

地刺激生产，但并没有可以用于生产或投资的资本品，也没有刺激消费者的节约趋势，只有当资本品的数量因储蓄的增加而增加时才有可能出现正常的扩张。它所做的事情就是把某些行业中的资本品转移到另一个行业中去，然而这种转移是强制性的，缺乏相应的基础。正如米塞斯所言，生产方面确有变动，但其变动乃等待期的过程被延长，而消费品的需求并未降到使其有效的供给维持一个特长的时期。❶

由此可见，信用扩张所导致的"繁荣"是一种虚假的繁荣。它的本质不是过多的投资，而是误导行业的错误投资。企业家及其企业在信用扩张时将其投资扩大到了没有足够资本品相适应的规模，终有一天他们的计划会由于资本品缺乏而失败。当信用扩张停止的时候，企业家们所犯的错误便会暴露出来：有的工厂由于缺乏辅助性生产要素而无法继续生产，有的工厂则由于生产出来的产品没有市场而倒闭（因为消费者更想买其他物品）。消费者的"货币投票"迫使企业家重新调整他们的生产活动以满足消费者的欲望，即将生产要素从某一行业转移到另一个行业中去，但这一转移过程并非毫无成本，原因在于资本品的有限可变性。所以，企业家必然面临资源或财富的一定损失，这是市场对企业家在市场繁荣期所犯错误的惩罚。此时，繁荣变成了萧条，商业周期开始出现。

综合来看，米塞斯的商业周期理论主要有以下特点：第一，米塞斯追溯了19世纪中期英国通货学派的思想，认为货币或信用扩张是导致商业周期的根本原因，而且在其银行理论中，米塞斯详细分析了银行如何通过政府获得这种"特殊"能力。第二，关于货币扩张如何影响市场利率，米塞斯发展了瑞典经济学家维克塞尔的理论，后者认为信用扩张只会暂时导致货币利率低于自然利率，但米塞斯并不是简单地重复维克塞尔的主张，他提出了一个判断货币利率下降是否有害的新标准，这个标准不是只存在于物物交换经济中的自然利率，而是没有信用扩张的经济体中的货币利率。第三，米塞斯特别强调了企业家的生产与投资行为在低货币利率下所产生

---

❶ 米塞斯. 人的行动：关于经济学的论文 [M]. 余晖, 译. 上海：上海人民出版社, 2013：577.

的扭曲，误导性的低利率使生产者的生产方式更加迂回，更加漠视对消费者及其消费需求的满足。第四，米塞斯从货币非中性入手分析了企业家的错误生产与投资行为将导致资源与财富的再次分配。第五，米塞斯结合资本品的有限可变性，即资产专用性，对信用扩张不可避免的萧条代价进行了分析。

对于这一独具特色的商业周期理论，米塞斯在其整个学术生涯中都在坚持和贯彻：1912年的《货币与信用理论》、1928年的《货币稳定与周期政策》、1940年的《国民经济学》、1949年的《人的行动：关于经济学的论文》。但在1928年，米塞斯的观点发生了一些转变：之前他并未明确说明政府在信用扩张中的关键作用；之后，米塞斯认为政府控制的中央银行要为因信用媒介的扩张而导致的经济扭曲和萧条负最根本的责任。米塞斯相信市场利率具有重要的、调配资源的经济功能，它来自人的本性，而政府的强制干预并不能改变人的本性，其产生的只是扭曲的生产行为与错误的生产结构。因此，商业周期的直接原因在于信用扩张，而根本原因在于政府干预。

CHAPTER 6 ▶ 第 6 章

经济学的政治含义：
自由与干预

第 6 章　经济学的政治含义：自由与干预

米塞斯的整个经济学理论体系是以独特的认识论和方法论为基础，从人的行动公理出发，运用逻辑演绎的方法建立起来的。在该体系中，米塞斯不仅分析了商品价格和价值的决定这一基本的经济学问题，也研究了主流经济学重点关注的消费者与生产者、货币与信用、资本与利息、经济危机与经济周期等一系列相关问题。独特的研究方法和思路，使米塞斯对这些问题得出了不一样的答案，如消费者主权与企业家精神、货币非中性与信用扩张、资本品的有限可塑性与利息的时间偏好本质等。前面五章主要是从理论的角度对米塞斯的经济学思想进行概述，本章则主要从应用的角度展开介绍，从某种意义上来说，这是最为重要的一个方面。经济学必须远离意识形态，但不能放弃政策实践；经济学不做价值判断，但具有政治含义。

6.1　价值判断与政治含义

对于经济学研究与价值判断之间的关系，米塞斯曾经给出过明确的判断。早在 1933 年，米塞斯在其著作《经济学的认识论问题》中就指出，经济学作为一门科学，对价值判断是中立的，经济学既不能表示赞成，也不能表示反对。[1] 就这一点来说，他继承了德国经济学家同时也是历史学派的代表人物马克斯·韦伯的观点。后者认为，作为社会科学家，一方面要客观公正地进行研究；另一方面，他们必然拥有非科学的信念、价值观

---

[1] 米塞斯. 经济学的认识论问题 [M]. 梁小民, 译. 北京: 经济科学出版社, 2001: 36.

和偏好，假如他们不能严格地把这两方面分开来，那将是危险的。❶ 米塞斯完全同意韦伯的观点，他相信把一个学者的经济分析和他的个人价值判断明确分开是可能的，而且贯彻价值中立的原则对经济学研究来说是至关重要的。米塞斯对价值中立的坚持似乎与他对自由经济政策的积极倡导相互矛盾，他的学生马赫鲁普也发现了这一矛盾，并且认为二者是无法实现统一的。那么，米塞斯的理论到底存不存在这一矛盾和困境呢？实际上这一问题的答案就在米塞斯的重要著作《人的行动：关于经济学的论文》中。如果我们认真阅读此书，就会发现米塞斯的观点并没有前后矛盾或不一致。米塞斯明确指出，经济学并不假定人们唯一的或最重要的目的在于追求物质福利。经济学处理的是所有的人的行动，也即处理人们有意追求其选择的目标的行动，而不管这些目标是什么……它是完全中立于一切价值判断的，因为它只说到手段，而从不说对最后目的的选择。❷ 可见，米塞斯承认人的任何行动都是在某种动机的激励之下产生的：有理性的，有非理性的；有真实的，有幻想的；有精神的，有物质的。但不管出于什么动机，这些都不是经济科学的研究对象，真正科学的研究必须与价值判断相分离。在米塞斯看来，经济学只研究手段，不研究目的或动机，它不对目的作出好与坏、合理与不合理的判断，所以它必然是价值中立的。但经济学研究的价值中立特点并不意味着它不能对经济政策和政府行为作出判断和评价，因为这些判断和评价的对象是政府选择的手段，即考察这些手段是否能够有效地达成相应目的，这便是经济科学的政治含义。经济科学最早出现于法国的重商主义和重农主义，从那时起，它就一直与政府政策的制定密切相关。在古典经济学时期，这一特征更为明显。亚当·斯密在1776年出版的《国富论》一书中提出了著名的"看不见的手"的概念，即自由竞争的市场机制。斯密认为，社会经济活动完全可以依靠"看不见

---

❶ SCHUMPTER J A. History of Economic Analysis [M]. New York: Oxford University Press, 1945: 804.

❷ 米塞斯. 人的行动：关于经济学的论文 [M]. 余晖，译. 上海：上海人民出版社，2013: 907.

的手"来自发调节，达到资源的最优配置，所以他提出了反对政府干预经济和支持自由放任的政策主张。但是，到了新古典经济学时期，经济学家们似乎开始放弃关注政府政策的实践问题，反而更关心市场经济的理论分析。完全竞争的市场结构模型便是其中最为典型的表现。新古典主义的兴起使经济学逐渐放弃了为现实世界建模的想法，并开始想办法将现实世界挤进抽象的理论模型中。正是在新古典经济学思想的影响下，政府开始进行各种干预，试图将现实世界改造成理想中模型的模样。米塞斯也意识到了这种趋势的危险性，他始终坚持认为经济学是真实的人的经济学，是以现实中的人的行动为研究对象的一门科学。同时，经济学有着明确的政治含义，它必须对经济政策作出评价，它不像新古典经济学所认为的只是一种智力训练。

第二次世界大战以后，经济学的这种趋势愈加明显，越来越多的年轻经济学家开始把注意力转向抽象的技术性问题，这也可以解释第二次世界大战后凯恩斯经济学、计量经济学、数理经济学和博弈论兴起的原因。米塞斯认为经济学出现这种转变或倒退主要有两个方面的原因：一是对社会科学应坚持价值中立原则的误解。按照这种误解，经济学作为一门科学是不应该对经济政策和政府行为等实践问题作出任何评价的。从前面的介绍可知，这种误解源于对经济学研究对象的认识不清，即只研究手段，不研究目的或动机。经济学不评价目的或动机，但必须评价手段的选择是否合理。正如米塞斯所说，经济学是合宜分析，而不是技术性分析，它检验一个提议的手段是否适合达到宣称的目标。这是一个事实问题，因此一定有一个科学的答案。二是一些经济学家为了获得一定的学术职位或物质利益必须尽量避免冒犯相关的权益集团。正是在这种机制的作用下，经济学逐渐演变成一门纯粹的技术性科学。米塞斯曾言，经济学家大都依靠政府的支持，反对他们的雇主或赞助者既不礼貌，又不明智。❶

在这两个因素的推动下，主流经济学在技术分析的"歧途"上越走越

---

❶ MISES L V. A Critique of Interventionism [M]. Translated by Hans Sennholz. New York: Arlington House, 1977: 31.

远。由于他们的理论以极端的虚构假设为前提,所以也就无法对任何经济政策或政府行为作出评判,只能局限于一种理论上的分析。这类经济学家们偏安于一隅,生活在自己的理想世界中,他们不但不会受到权势集团的打压和报复,甚至会"沦落"为权势集团的工具。更加不幸的是,一些公众开始相信经济学中的所有事情都是不确定的和有疑问的,而经济理论只是形形色色的学者个人意见的汇集。❶ 综上所述,在米塞斯看来,由于经济学研究只涉及手段,不涉及目的,所以它不做任何价值判断,但同时具有政治含义。因此,米塞斯主张,经济学及经济学家应该远离政治或意识形态,但不能脱离社会实践。所以,下面的问题就是:经济学应该如何评判经济政策与政府行为?应该坚持什么原则?

6.2 功效主义与经济政策

为了说明价值中立与政策建议之间的关系,米塞斯将医学和经济学进行了对比:价值中立的医学研究使人们获得了完善、拯救生命的医疗建议,类似地,价值中立的经济科学也能产生良好的经济政策建议。❷ 无论你对经济学的结论赞成或不赞成,这都丝毫不能影响它的有效性。那么,该如何判断一项经济政策的好坏或合理与否呢?主流经济学将其领域称为福利经济学:在古典经济学时期,经济学家把能否增进一个国家的福利作为评判某项经济政策是否合适的标准;在新古典经济学时期,经济学家将这一标准中的国家福利转换为国家的经济福利;到了20世纪,主流经济学家又将评判经济政策的标准变为稀缺资源的配置效率,比如在主流经济学教科书中,把是否实现了帕累托最优作为判断市场结构是否有效的标准,而帕累托最优标准又包括生产、交换、生产和交换三个方面。可见主流经济学把总合的、客观的福利或效率作为判断政策是否合理的标准,这点与

---

❶ MISES L V. A Critique of Interventionism [M]. Translated by Hans Sennholz. New York: Arlington House, 1977: 43.

❷ 柯兹纳. 米塞斯评传:其人及其经济学 [M]. 朱海就,译. 上海:上海译文出版社,2010: 149.

米塞斯所代表的奥地利学派的观点截然不同，因为后者一直反对总量的视角和方法。

针对这一问题，米塞斯提出了功效主义的社会分析视角。对于米塞斯的功效主义，首先一定要把它与杰里米·边沁（Jeremy Bentham）的功利主义相区别。边沁是18世纪晚期、19世纪早期的英国哲学家，他的功利主义思想遵循结果主义道德原则，是道德哲学中的一个理论。该思想认为人应该作出能"达到最大善"的行为，所谓最大善的计算则必须依靠此行为所涉及的每个个体之苦乐感觉的总和，其中每个个体都被视为具有相同分量，且快乐和痛苦是能够换算的。所以，以功利主义为标准对人的行动作出评判时，并不考虑行为背后的动机和手段，只考虑行为造成的结果是否能增进总的快乐值。运用这一思想来评价经济政策或政府行为时，主张政治的目的应该为促进最大多数公民的最大幸福，这种表述实际上是一种规范陈述。而米塞斯认为在科学研究中必须摒弃规范分析，保持价值中立，而且功利主义的主张以不同人之间的快乐和痛苦可以衡量及可以加总为前提，这种极端的假设前提在现实世界中是无法实现的。米塞斯的功效主义与边沁的功利主义相比，更侧重实际应用，而不是理论指导。它为社会问题提供了一种实事求是的客观判断方法。米塞斯视角下的功效主义不是教条，而是视角，这个视角就是关于理性是否合宜的分析，它的范畴是手段和目的。实际上，在经济思想史上，奉行功效主义原则的经济学家有许多：约翰·洛克对通货膨胀政策能否实现预期目标的质疑；亚当·斯密对干预主义贸易政策的反驳；卡尔·门格尔主张经济法则考虑的是为实现一个给定目的可采取的最佳手段。❶ 通过整理米塞斯对经济政策的看法，可以归纳出判断一项政策好坏的三个标准：第一，政策实际结果与设想目标是否一致。米塞斯认为，一个政策之所以是"坏"的，不是因为经济学家不喜欢它的结果，而是因为它的结果与政策制定者的政策目标不一致。第二，政策是否具有可行性。一项政策之所以是"坏"的，不是因为作为公民的经济学家不喜欢它，而是因为人们发现根据该政策制订出的计划根

---

❶ 许尔斯曼. 米塞斯大传［M］. 黄华侨，等译. 上海：上海社会科学院出版社，2016：207.

本无法完成。第三,政策是否破坏消费者主权。米塞斯认为,在自由的市场经济中,生产者和资源所有者的所有经济决策的基础是预测消费者的支付决策,所以不能说是自由市场使社会效率最大化,而是其背后的消费者的主权地位。所以,一项经济政策被认为是"坏"的,不是因为人们不喜欢它,而是因为它鼓励生产者在作出决策时不去考虑消费者偏好模式的各种变化。❶

6.3 干预主义

对于干预主义,米塞斯在1927年出版的《自由与繁荣的国度》和1949年出版的《人的行动:关于经济学的论文》两本著作中都有过详细的论述。特别是在《人的行动:关于经济学的论文》一书中,他详细介绍了干预主义的概念、特征、类型及其可能带来的后果。干预主义作为一种经济政策之所以能够大行其道,主要有两个方面的原因:第一,时代背景。从经济史来看,西方资本主义国家在20世纪30年代发生了严重的经济危机,波及范围广泛,影响深远。这次危机使人民和政府重新思考新古典经济学自由放任政策的有效性,大众开始呼吁要以直接或间接的政府干预对市场进行规制,以避免再次发生类似的危机。第二,政府的积极推动。干预主义作为一种经济政策具有极强的政治吸引力,它可以赋予政府各种干预行为以合理性。政府试图把自由资本主义的优势与各种调控政策结合起来,追求一种既能够实现经济效率又能避免市场失灵的美好状态。

米塞斯在《人的行动:关于经济学的论文》中将干预主义界定为一种构想,反映出他对这种制度的现实可行性持怀疑态度。干预主义是一种混合经济,是社会主义和资本主义两种制度的结合,它试图将两个方面的优点综合起来:干预主义虽然主张政府干预,但未完全消灭市场,所以干预主义仍然属于市场经济;干预主义通过强制机构来执行命令,但仍是分散

---

❶ 柯兹纳. 米塞斯评传:其人及其经济学 [M]. 朱海就,译. 上海:上海译文出版社,2010:205.

第 6 章　经济学的政治含义：自由与干预

决策，与社会主义的集中决策不同。所以，干预主义既不是社会主义，因为其保留了生产资料的私有制；又不是资本主义，因为其消灭了市场经济的"失灵"。在现实生活中，不同的国家和政府会表现出不同的干预力度和范围，有的更接近社会主义，有的更接近资本主义。但米塞斯指出，干预主义的问题不在于如何界定国家和政府的正当功能，而在于其运作方式是否有效，是否能实现预期目的，即应该从功效主义的角度进行分析。"一切道德和人类的法律，皆为达成某些确定目的的手段。这些律则的好坏，只能从它们是否有助于达成我们所选择的目标来评判，此外没有其他的评判标准。"❶

米塞斯对干预主义的三种主要表现进行了批判。首先，他揭示了税收干预的本质。不管是哪种税收，一般只包括两个方面的目的：财政目的和非财政目的。米塞斯指出这两个方面的目的是相互冲突的：如果政府想通过税收来增加财政收入，那么就不能设置过高的税率，以免影响获得最高的税收收入，正如拉弗曲线所反映的政府税收收入与税率之间的关系；如果政府想通过税收来禁止某一行为，那么税率越高越好，但政府的税收收入将大受影响。❷ 所以，重税率不仅影响政府的财政收入，更重要的是它带来的是对市场经济的强制干扰，最终会导向集权主义。因此，实施干预主义经济制度必须设计一个恰当的税率，既能保证政府获得足够的财政收入，又能保证不向全面干预的集权主义演化。米塞斯进一步指出，即使政府选择了一个合适的税率，但它仍不能保证其非财政目的的实现，大多数情况下是事与愿违的。

米塞斯分别从生产者角度和消费者角度对税收所产生的影响进行了分析。先看生产者角度，政府一般通过征税和补贴来限制或激励生产者的相关行为。如果没有政府干预，那么生产者将追随消费者在市场中释放的需求信号；如果存在政府干预，那么生产活动的方向将以政府当局的偏好为

---

❶ 米塞斯. 人的行动：关于经济学的论文 [M]. 余晖，译. 上海：上海人民出版社，2013：741.

❷ 米塞斯. 人的行动：关于经济学的论文 [M]. 余晖，译. 上海：上海人民出版社，2013：760.

指示。❶ 由于政府的偏好并不代表消费者偏好，所以政府的干预行为将导致生产者用稀缺的知识、劳动和资源生产出并非消费者迫切需要的产品，而生产者也并未实现利润最大化。也就是说，政府的干预降低了消费者的满足程度和生产者的利润水平，而这并不符合政府开展税收活动的初衷。再看消费者角度，政府一般通过减税和增税来减少或增加其可支配收入，进而干预消费者的相关行为。米塞斯重点分析了没收式税收，如财产税和个人所得税。米塞斯认为，不管这类税收的目的是均贫富还是强财政，累进的所得税和遗产税都将导致资本家和企业家减少资本积累，而且通过税收被转移到国家的财富并不一定被用于投资，所以从整个社会的角度来看，资本积累也在减少，进而导致人均资本占有量下降、边际劳动生产力下降，工人的实际工资也就无法上升。❷ 可见，政府本来希望通过对资本家和企业家征税来缩小贫富差距，但最后却导致了工人实际工资率的下降。所以，无论是对生产者征税，还是对消费者征税，均不能实现政府干预的良好"愿望"，只会导致生产结构的扭曲和生产效率的下降。

其次，价格干预。价格干预是非常常见的政府干预方式，主要有最高限价和最低限价。最高限价的目的在于使买者可能用低于自由市场的均衡价格来购买相关商品；最低限价的目的在于使卖者可能以高于自由市场的均衡价格来卖掉相关商品。无论政府实行的是最高限价还是最低限价，都将打破自由市场中的供需均衡：最高限价将导致供不应求，有的买者尽管愿意支付最高限价甚至更高的价格，仍旧买不到相应商品；最低限价将导致供大于求，有的卖者尽管愿意接受最低限价甚至更低的价格，仍旧卖不掉相应商品。由政府价格干预导致的供不应求和供大于求，这种市场状态将激发出最直接的不良后果，即交易的完成将不再只取决于价格，而与买者或卖者的身份地位高低、是否采取暴力行为、是否提

---

❶ 米塞斯. 人的行动：关于经济学的论文 [M]. 余晖，译. 上海：上海人民出版社，2013：760.

❷ 米塞斯. 人的行动：关于经济学的论文 [M]. 余晖，译. 上海：上海人民出版社，2013：826.

前到达交易地点等非价格因素相关，这些因素与市场经济是不相容的。更进一步的后果是：价格干预导致生产要素的非正常流动，如从受到最高限价的产品的生产转向其他产品的生产。这一点恰恰违背了政府的意愿，因为政府设定最高限价的目的在于让消费者更易于取得相关商品，而政策的最终结果却是这样的商品的供给大幅减少。❶ 此外，政府还经常对劳动的价格，即工资率进行干预。政府一般会设立最低工资标准，希望通过这种政策来保证工人的收入水平。但政策的最终效果却是：如果只对一部分职业设定最低工资标准，那么这种政策的实施将导致劳动力向其他自由定价的职业转移，而且这些人的工资率将更低；如果对所有职业都设定了最低工资标准，那么这种政策的实施将导致大量劳动者制度性失业。可见，最低工资率的干预政策绝非保证或提高了所有劳动者的收入和生活水平，它恰恰保护了最不需要保护的劳动者，而伤害了最需要保护的劳动者。

最后，通货与信用的干预。与前面两种干预方式不同，政府对货币和信用的干预可能是影响最为深远、形式最为隐蔽的干预方式。货币本质上是一种商品：它产生于间接交换，并被用于间接交换；它是自发产生的，取决于市场交换中人们的选择行为，而不是社会契约或政府法令的产物。而米塞斯认为，政府当局干预货币问题的最初原因是当从事交换的某一方履行他的契约义务时，政府被授权来判断这个行为是否符合事实，并是否加以严厉的制裁。❷ 所以，政府干预货币的最初目的在于保障契约的实施，与货币的产生并无关系。随着国家对货币制造这一权力的垄断，政府干预货币动机和形式开始多样化：在商品货币阶段，政府通过制造金属铸币来获取公民的一部分财富；在法定货币阶段，政府则通过通货膨胀的货币政策来获取公民的许多财富。在以前的商品货币阶段，由于政府制造铸币的能力受到金属数量的限制，所以这个阶段的货币干预并未产生太大影响。

---

❶ 米塞斯. 人的行动：关于经济学的论文 [M]. 余晖，译. 上海：上海人民出版社，2013：783.

❷ 米塞斯. 人的行动：关于经济学的论文 [M]. 余晖，译. 上海：上海人民出版社，2013：799.

而在法定货币阶段，由于政府印刷货币的能力几乎不受任何限制，所以该阶段的货币干预更为常见，影响也更为深远。米塞斯以通货膨胀为例进行了详细说明。一般情况下，大多数国家和政府都倾向于对货币进行贬值操作，即通货膨胀，通过这种货币干预可实现诸多目的：保持或提高名义工资率和农产品价格；使债务人受益，债权人受损；鼓励出口，抑制进口；等等。❶ 但通货膨胀政策的最终效果与最初目的并不一致：货币贬值虽然保持或提高了名义工资率，却导致了实际工资率下降，从而变相地促进就业，这才是政府的真正目的；货币贬值确实可以使债务人受益、债权人受损，但这并不意味着缩小贫富差距，因为债务人不一定是穷人，债权人不一定是富人；货币贬值可促进出口的前提条件是只有一个国家的货币贬值，而其他国家并不这么做。此外，政府在信用媒介方面也存在扩张的动机。信用媒介是将无等额现金作为准备金的货币替代品。信用媒介的出现，并非源自政府有意提高物价和名义工资率、降低市场利率及减轻债务，其本质是一种政策工具，旨在为政府提供一种窃取社会资源和财富的方便工具。在商业周期理论中，米塞斯指出，信用扩张必然导致循环上升的趋势；如果没有信用扩张，这种趋势既不会发生，也不会继续；信用扩张一旦停止，商业萧条即立刻来临。❷ 所以无论是通货膨胀政策，还是信用扩张政策，均不像政府所设想的那样可以持续刺激经济增长，它们只能促使短暂繁荣的产生，但从长期来看，它们则会导致生产要素的错误流动和生产结构的失衡。综合干预主义的三种表现，米塞斯认为所有的干预政策注定要失败，因为政策制定者如果不顾消费者的偏好，也就无法实现他们的目的。

---

❶ 米塞斯. 人的行动：关于经济学的论文 [M]. 余晖，译. 上海：上海人民出版社，2013：808.

❷ 米塞斯. 人的行动：关于经济学的论文 [M]. 余晖，译. 上海：上海人民出版社，2013：813.

结 语

经济学、经济学家与经济学教育

结语　经济学、经济学家与经济学教育

如果想知道米塞斯究竟如何看待经济学，或者说他把经济学放在了什么样的社会地位，可以从《人的行动：关于经济学的论文》的最后一章中找到明确的答案：米塞斯用短短几百字对经济学理论进行了定位和评价，并以此结束了他的这本经典著作。米塞斯认为，人的选择和行动的自由受三个方面的限制：物理学法则、生物学法则和行动学法则。第一，物理学法则。其主要涉及自然科学，对个体来说应该归类于决策面临的外界环境约束。这样的法则一般是绝对的、无情的，所有人类只能被动地去适应，别无他法。第二，生物学法则。其主要涉及个人的一些先天特征和气质，体现了个体之间的差异性，应该归类于决策面临的载体约束。这些差异化的生物学特征会影响人类个体对目的和手段的选择，虽然我们对选择背后的运行机制并不了解，但我们知道不同的个体受到的限制不同。第三，行动学法则。其主要涉及目的与手段相互关联所产生的各种繁杂现象所隐含的规律，应该归类于决策面临的理论约束。米塞斯认为，关于行动法则的说明，以及其类型和形式方面的解释，是行动学及其迄今最发达的分支——经济学的主题。经济学知识本身是人类文明结构中的基本因素，它是现代工业化和最近一两百年中所有道德的、知识的、技术的和医疗的成就赖以取得的基础。❶可见，在米塞斯的观念中，经济学是可以与物理学相提并论的：物理学反映了自然界中的基本规律；经济学反映了人类行动的基本规律。或者说，这两门学科分别是自然科学领域和社会科学领域的代表，如果说物理学为人类社会发展提供了技术上的支持，那么经济学就为人类社会发展奠定了思想基础。对于如此重要的经济学，米塞斯作为一

---

❶ 米塞斯. 人的行动：关于经济学的论文 [M]. 余晖, 译. 上海：上海人民出版社, 2013：909.

名经济学家是如何处理与经济学相关的问题呢？比如：如何开展经济学研究，如何看待经济学家，以及什么才是正确的经济学教育等问题。我们要对这些问题做一个总结性的回答。

如何开展经济学研究？这个问题应该属于经济学的方法论和认识论的哲学领域。米塞斯认为，经济学与逻辑学和数学一样，是一种抽象推理的展示，绝不会是实验或经验的科学。米塞斯的整个经济学理论体系的构建非常完美地体现了他的这一个性化主张：首先，他从先验的、人的行动公理（即人的行动是有目的的行为）出发，通过推理扩展出目的与手段、价值与需求、交换与成本等行动范畴；其次，他对这些范畴进行逻辑上的演绎和推理，得出价值与价格理论、消费者主权与企业家精神理论、货币非中性与信用扩张理论、资本与利息的时间特征理论，以及最后的商业周期理论；最后，他以经济学理论为基础，对干预主义进行了反驳。所以，米塞斯认为经济学的研究由先验公理开始，通过逻辑推理来展开。也正是他在方法论上的这一主张，使其经济学理论具有极具争议性的先验特征，即不可被经验证实或证伪，而这一特征为米塞斯及其思想招致了诸多激烈的批评，比如，货币学派的弗里德曼就反对米塞斯的先验认识论，认为这样的主张将导致经济学无法进步和发展。[1] 面对外界的这种质疑，米塞斯似乎并没有给予直接的回应，但我们仍旧可以从他的著作中找出答案。首先，米塞斯的先验理论是以人的先天有限理性为前提的。米塞斯研究的是真实世界中真实的人，并不像主流经济学那样研究假设的"经济人"，而真实的人的理性是有限的：宇宙中的许多问题和现象并不是人类理性能够解释、分析或想象的；只有在很狭小的范围内，人类才能运用理性通过消除不适来提高自身的满意程度，这就是理性和各类科学发挥作用的领域。所以，米塞斯的先验论主张并不是跳出人类理性的先验，并不意味着绝对和永远的正确。但由于我们对人类心智未来的演化一无所知，就只能把心智的逻辑结构和行为学结构视为永恒不变的。因此，通过逻辑推理得到的

---

[1] HUTCHISON T W. The Significance and Basic Postulates of Economic Theory [M]. London: Macmillan, 1938: 152-153.

行动学及经济学理论就不可被证伪。其次，米塞斯先验的经济学理论的起点和基础是人的行动公理，即人的行动是有目的的行为。那么，米塞斯是如何发现这一公理的呢？奥地利学派的第五代代表人物伊斯雷尔·柯兹纳曾经问过米塞斯这一终极问题，米塞斯给出的回答是：通过观察，我们相信人类是有理性的、有目的的和警觉的。所以米塞斯的先验主义并非那么极端，它反而起源于对复杂现象的经验观察，通过这种观察发现现象中隐含的基本要素，然后运用逻辑推理的方法构建理论体系。但我们不能由此断定米塞斯的理论是经验主义的，因为米塞斯关注的因素仍旧是人类理性框架的永恒不变的要素。所以，在米塞斯看来，经济学理论具有先验特征，而开展经济学研究的方法只能是抽象的逻辑推理，而非事实收集。

如何看待经济学家？米塞斯的经济学理论不仅具有极其鲜明的先验主义特征，而且在价值判断上保持中立。也就是说，经济学作为一门科学展现出了有关目的与手段的不可证伪的规律，通过利用这些规律，人们可以更好地达到目标，尽管人们的目标由于信仰和价值判断而千差万别，但经济学不关注目的，只关注手段。正是米塞斯对经济学理论的这种认知导致他对经济学家的看法也与众不同。在当今世界，经济学家数不胜数，他们往往涉及不同领域，拥有不同背景：有的专注于宏观经济增长，有的专注于货币问题，有的专注于企业家创新，有的专注于消费者行为；有的拥有数学专业背景，有的拥有统计学专业背景，有的拥有心理学专业背景，有的拥有博弈论专业背景。仿佛经济学家们渗透在每一个专业的学术领域，这种现状与米塞斯对经济学家的理解有极大差异。米塞斯认为，经济学家的正当职责应该是研究问题、著书立作、传达思想、影响政策。经济学在工具性专家的手中失去了价值判断的中立特征，变成了可以为不同群体谋求利益的理论工具。这样的变化导致一些普通民众对经济学极其迷惑、失望，甚至嘲笑，如此的经济学与工具性经济学家离真实生活中的真实的人越来越远，其不再通过思想的传播服务于普通民众，而是为了权势和经济利益屈从于各种强势团体。除此之外，一些丧失独立立场的经济学家为了彰显自身的价值而盲目地扩张自身的功能：他们认为经济学家不仅是经济问题的解释者，也是经济未来方向的预测者。对此，米塞斯是断然反对的。经济问题极其复杂，而经济学家们能够发现和掌握的是复杂现象背后的规律，这些规律只能指明事物发展的大概方向，却不能作出任何精确的预测，因为事物的发展还受到多变的、具体的环境和条件的影响。所以，未来是充满不确定性的，经济学家所能提供的只是对过去相关统计的解释。对于未来，他们所能做的只能是对经济发展趋势进行推测。

什么才是正确的经济学教育？在经济学研究方面，米塞斯主张运用逻辑推理的方法；在经济学家的职能方面，米塞斯将其定位于思想的传播者。所以，在米塞斯看来，经济学具有很强的综合性，而不是专业性；对它的认识和理解必须涉及整体，而不能局限于某一部门或领域。也就是说，经济学教育不能以研究不同问题的不同专业形式来开展，如劳动经济学、农业经济学、环境经济学、能源经济学等。经济学是人的生活和行动的哲学，它关系到每个人和每件事，它并不是某些特殊人物的特权。相应地，经济学教育应该是一种通识教育，掌握和运用经济学知识是每一位公民的必备能力。

米塞斯作为奥地利学派第三代代表人物，生于1881年，卒于1973年，在漫长的职业生涯中，其由于毫不妥协的性格，从未获得任何一所大学的正式教职，也从未获得任何重要机构的支持，甚至被视为不合乎时代潮流的人，但这一切都没能阻挡他对先验行动学理论的构建。米塞斯的思想不仅影响了他的学生——戈特弗里德·哈伯勒、阿尔弗雷德·许茨、弗里茨·马克卢普、穆雷·罗斯巴德、伊斯雷尔·柯兹纳等，而且对许多非学术界人士也产生了重要影响，如亨利·黑兹利特等。米塞斯去世之后，其影响不但没有减弱，反而增强了：美国有专门的米塞斯研究所和专业的学术期刊，在那里聚集了大量的经济学爱好者研究其思想；美国之外，西班牙马德里康普顿斯大学的教授赫苏斯·韦尔塔·德索托、法国昂热大学的约尔塔·吉多·许尔斯曼等均是米塞斯理论和思想的重要阐释者。在中国，也有许多的专家和学者表现出对米塞斯或奥地利学派思想的极大兴趣，如北京大学的张维迎教授、浙江工商大学的朱海就教授。虽然这些追随者的观点并不统一，因为他们对米塞斯及其思想的理解存在差别，但他们都是以奥地利学派的传统为前提的。21世纪的经济学理论和政治含义也许仍旧是实证主义和干预主义大行其道，但米塞斯关于方法论、消费者、企业家、货币、信用、资本、利息及商业周期的观点仍旧会在经济学的舞台上占据一席之地。米塞斯的理论和思想在可预见的未来不一定能够占据主流地位，但其给学术界带来的竞争与活力将时刻提醒我们：有一种不一样的经济学依旧在闪耀着它独特的光辉。

参考文献

参考文献

[1] 多兰，科兹纳，罗斯巴德. 现代奥地利学派经济学的基础 [M]. 王文玉，译. 杭州：浙江大学出版社，2008.

[2] 波普尔. 猜想与反驳：科学知识的增长 [M]. 傅季重，等译. 上海：上海译文出版社，2005.

[3] 布鲁斯，拉斯基. 从马克思到市场：社会主义对经济体制的求索 [M]. 银温泉，译. 上海：上海人民出版社，1998.

[4] 陈元晖. 反动的哲学流派：马赫主义 [M]. 北京：商务印书馆，1972.

[5] 德索托. 奥地利学派：市场秩序与企业家创造性 [M]. 朱海就，译. 杭州：浙江大学出版社，2010.

[6] 弗里德曼. 自由选择 [M]. 张琦，译. 北京：机械工业出版社，2023.

[7] 高鸿业. 西方经济学（宏观部分）[M] 北京：中国人民大学出版社，2018.

[8] 戈森. 人类交换规律与人类行为准则的发展 [M]. 陈秀山，译. 北京：商务印书馆，1997.

[9] 哈耶克. 个人主义与经济秩序 [M]. 邓正来，译. 北京：三联书店，2003.

[10] 哈耶克. 哈耶克文选 [M]. 冯克利，译. 南京：江苏人民出版社，2007.

[11] 黄春兴. 奥地利学派经济理论的一个学习架构 [J]. 南大商学评论，2009（12）：154-176.

[12] 科恩，谢富胜，汪家腾，等. 西方新古典经济学如何主导了中国的经济学教育 [J]. 海派经济学，2017，15（1）：121-144.

[13] 库恩. 科学革命的结构 [M]. 金吾伦，胡新和，译. 北京：北京大学

出版社, 2012.

[14] 柯兹纳. 米塞斯评传：其人及其经济学 [M]. 朱海就, 译. 上海：上海译文出版社, 2010.

[15] 柯兹纳. 竞争与企业家精神 [M]. 刘业进, 译. 杭州：浙江大学出版社, 2013.

[16] 兰格. 社会主义经济理论 [M]. 王宏昌, 译. 北京：中国社会科学出版社, 1981.

[17] 李斌, 伍戈. 信用创造、货币供求与经济结构 [M]. 北京：中国金融出版社, 2014.

[18] 罗尔. 经济思想史 [M]. 包玉香, 译. 北京：商务印书馆, 2021.

[19] 罗斯巴德. 为什么我们的钱变薄了：通货膨胀真相 [M]. 陈正芬, 何正云, 译. 北京：中信出版社, 2008.

[20] 洛克. 论人权与自由 [M]. 石磊, 译. 北京：中国商业出版社, 2017.

[21] 马克思. 资本论 [M]. 郭大力, 王亚南, 译. 上海：上海三联书店, 2009.

[22] 门格尔. 国民经济学原理 [M]. 刘絜敖, 译. 上海：上海人民出版社, 2005.

[23] 米塞斯. 人类行为的经济学分析 [M]. 聂薇, 裴艳丽, 译. 广州：广东经济出版社, 2010.

[24] 米塞斯. 人的行为：关于经济学的论文 [M]. 夏道平, 译. 台北：远流出版社, 1991.

[25] 米塞斯. 经济学的最后基础 [M]. 夏道平, 译. 台北：远流出版社, 1991.

[26] 米塞斯. 人的行动：关于经济学的论文 [M]. 余晖, 译. 上海：上海人民出版社, 2013.

[27] 米塞斯. 货币、方法与市场过程 [M]. 戴忠玉, 刘亚平, 译. 北京：新星出版社, 2007.

[28] 米塞斯. 货币与信用理论 [M]. 孔丹凤, 译. 上海：上海人民出版

社，2018.

[29] 米塞斯. 经济学的认识论问题［M］. 梁小民，译. 北京：经济科学出版社，2001.

[30] 米塞斯. 官僚体制与反资本主义心态［M］. 冯克利，姚中秋，译. 北京：新星出版社，2007.

[31] 米塞斯. 社会主义：经济与社会学的分析［M］. 冯克利，崔树义，译. 北京：中国社会科学出版社，2014.

[32] 穆勒. 政治经济学原理［M］. 李风华，等译. 北京：中国人民大学出版社，2023.

[33] 庞巴维克. 资本与利息［M］. 何崑曾，高德超，译. 北京：商务印书馆，2010.

[34] 庞巴维克. 资本实证论［M］. 陈端，译. 北京：商务印书馆，1995.

[35] 史库森. 朋友还是对手：奥地利学派与芝加哥学派之争［M］. 杨培雷，译. 上海：上海人民出版社，2006.

[36] 王军. 现代奥地利经济学派研究［M］. 北京：中国经济出版社，2004.

[37] 德索托. 奥地利学派：市场秩序与企业家创造性［M］. 朱海就，译. 杭州：浙江大学出版社，2010.

[38] 维塞尔. 社会经济学［M］. 张旭昆，等译. 杭州：浙江大学出版，2012.

[39] 维克塞尔. 国民经济学讲义［M］. 解革，刘海琳，译. 北京：商务印书馆，2007.

[40] 沃恩. 奥地利学派经济学在美国：一个传统的迁入［M］. 朱全红，等译. 杭州：浙江大学出版社，2008.

[41] 休谟. 人性论［M］. 贺江，译. 北京：台海出版社，2016.

[42] 熊彼特. 经济发展理论［M］. 何畏，易家详，等译. 北京：商务印书馆，1990.

[43] 许尔斯曼. 米塞斯大传［M］. 黄华侨，等译. 上海：上海社会科学院出版社，2016.

[44] 许尔斯曼. 货币生产的伦理[M]. 董子云,译. 杭州：浙江大学出版社,2011.

[45] 袁艺,茅宁. 从经济理性到有限理性：经济学研究理性假设的演变[J]. 经济学家,2007(2)：21-26.

[46] 马克思恩格斯选集：第3卷[M]. 中共中央马克思恩格斯列宁斯大林著作编译局,编译. 北京：人民出版社,2012.

[47] 列宁选集：第1卷[M]. 中共中央马克思恩格斯列宁斯大林著作编译局,编译. 北京：人民出版社,2012.

[48] DICKINSON H D. Price Formation in a Socialist Community[M]//PETER J B. Socialism and the Market：The Socialist Calculation Debate Revisited. London：Routledge & Kegan Paul Ltd,2000.

[49] BARONE E. The Ministry of Production in the Collectivist State[M]//HAYEK A. Collectivist Economic Planning：Critical Studies on the Possibility of Socialism. London：Routledge & Kegan Paul Ltd,2000.

[50] ENDRES A M. Neoclassical Microeconomics Theory：The Founding Austrian-Version[M]. London：Routledge Press,1997.

[51] GARRISON R W. Time and Money：The macroeconomics of capital structure[M]. London：Routledge Press,2001.

[52] HAYEK F A. The Counter-Revolution of Science：Studies in the Abuse of Reason[M]. Glencoe：Free Press,1952.

[53] HAYEK F A. Individuals and Economic Order[M]. Chicago：University of Chicago Press,1994.

[54] HICKS J R. Capital and Time：A Neo-Austrian Theory[M]. Oxford：Clarendon Press,1973.

[55] HUTCHISON T W. The Significance and Basic Postulates of Economic Theory[M]. London：MacMillan,1938.

[56] HUERTA D S J. The Economic Analysis of Socialism[M]//New Perspectives on Austrian Economics. London and New York：Routledge,1992.

[57] KIRZNER I M. Competition and Entrepreneurship [M]. Chicago: University of Chicago Press, 1973.

[58] LACHMANN L M. An Austrian Stocktaking: Unsettled Questions and Tentative Answers [C] //Stephen Little Child. Austrian Economics (volume I). Cheltenham: Edward Elgar Publishing Limited, 1990.

[59] MISES L V. The Ultimate Foundation of Economic Science: An Essay on Method [M]. Princeton: Van Nostrand, 1962.

[60] MISES L V. Socialism [M]. Indianapolis: Liberty Fund, 1981.

[61] MISES L V. A Critique of Interventionism [M]. Translated by Hans Sennholz. New York: Arlington House, 1977.

[62] MISES L V. Nation, State, and Economy [M]. New York: New York University Press, 1983.

[63] MISES L V. Human Action: A Treatise on Economics [M]. City of New Haven: Yale University Press, 1949.

[64] NELSON R R, SIDNEY G W. An Evolutionary Theory of Economic Change [M]. Cambridge: Harvard University Press, 1982.

[65] O'DRISCOLL G P, RIZZO M J. The Economics of Time and Ignorance [M]. Oxford: Basil Blackwell, 1985.

[66] ROBBINS L. An Essay on the Nature and Significance of Economic Science [M]. London: MacMillan, 1932.

[67] SCHUMPTER J A. History of Economic Analysis [M]. New York: Oxford University Press, 1945.

附 录

附录 A　奥地利学派经济学与新古典经济学的范式比较及思考

奥地利学派经济学（以下简称"奥派经济学"）被冠以"奥地利"之名，许多经济学家认为其起源于奥地利的卡尔·门格尔，但该学派的思想却并非发源于奥地利，而是西班牙、法国等欧洲其他国家。门格尔在继承前人研究成果的基础上，从人的需求出发，借助边际效用递减规律，建立了比较完整的主观价值理论和价格理论；维塞尔和庞巴维克分别在价值理论和资本理论上发展了门格尔的思想，提出了机会成本和生产结构理论；而新奥地利学派的代表人物米塞斯则将该学派的货币理论、价值理论和价格理论开创性地结合到一起，提出了奥派商业周期理论；作为奥派最为著名的经济学家，哈耶克强调了人类知识的分散性、隐含性、情境性和主观性等特征，认为只有借助市场本身的价格机制才能实现知识的优化配置，由此提出了"自发秩序"等概念，并将研究领域扩展到政治哲学领域。此后，奥派经济学的代表人物有罗斯巴德、科兹纳、拉赫曼、德索托、许尔斯曼，他们从不同的角度对奥派经济学进行了发展。由此可见，奥派经济学理论体系非常完整、复杂，涉及方法论、经济理论、经济政策、政治哲学等诸多领域，其中最为核心的思想，如主观主义、非完全理

性、企业家精神和市场过程等，构成了奥派经济学的范式。❶

新古典经济学是 19 世纪 70 年代由"边际革命"开始形成的一种经济学流派，与古典经济学相比，它用边际效用价值论代替了劳动价值论，用以需求为核心的分析代替了以供给为核心的分析。此后，张伯伦革命从微观经济角度，突破了古典经济学完全竞争的假设，指出了不完全竞争市场模式的普遍性；凯恩斯革命从分析方法上实现了微观和宏观的分野，形成了微观经济学和宏观经济学的理论体系；理性预期革命利用货币对经济变量的重要影响，开启了微观、宏观经济学相互融合的进程。除此之外，20 世纪 80 年代，杨小凯等人借助现代分析工具将古典经济学中的分工和专业化思想变成了决策和均衡模型；20 世纪末，斯蒂格利茨将宏观经济学的表述奠定于扎实的微观经济学基础之上，指出了政府干预经济的积极作用。新古典经济学集中反映了经济学过去 100 多年间的研究成果和发展特征，虽然从细节上看，不同学派具有不同的政策主张，但也表现出一些共同特征，如"经济人"与"理性人"假设、均衡分析、数理化分析工具、微观和宏观经济学的划分等，这些构成了新古典经济学的范式。非主流的奥派经济学与主流的新古典经济学在分析范式上存在诸多不同，对二者的详细比较分析有助于更好地理解奥派经济学的相关理论，发现其思想中有价值的"成分"，进而改进新古典经济学的性质，并扩大其解释范畴。

1. 经济学概念：行为与决策

奥派经济学家认为经济学是一门关于行为的科学，而不是研究如何决策的科学，这是奥地利学派与新古典经济学派最显著的区别之一。奥地利学派将人类行为作为研究对象。对于奥地利学派来说，人类行为是一个非常复杂的概念，它不仅包括给定目的和手段条件下的决策过程，还包括"对目的和手段框架的感知"❷。所以，人类行为具有能动性，能够动态地

---

❶ 美国著名科学哲学家库恩认为，范式（paradigm）是指特定的科学共同体从事某一类科学活动所必须遵循的公认的"模式"，它包括共有的世界观、基本理论、范例、方法、手段、标准等等与科学研究有关的所有东西。

❷ KIRZNER I M. Competition and Entrepreneurship [M]. Chicago：University of Chicago Press，1973：33.

感知周围环境中不断出现的新机会,这就是奥地利学派核心概念"企业家精神"(entrepreneurship)❶的内涵。因此,人类行为的过程就包括一系列的互动和协调行为,而奥地利学派认为经济学研究的对象正是这些。正如德索托所说,经济学根本不是一套关于选择或决策的理论,相反,它是处理社会互动过程的理论集合,这些互动过程的协调程度高低不一,取决于行为者在发挥其企业家才能的过程中表现出来的警觉(alterness)。❷

新古典学派对经济学概念的狭隘认识可以从罗宾斯对这门学科的定义中看出:经济学是把人类行为当作目的与具有各种不同用途的稀缺手段之间关系来研究的科学。❸罗宾斯的概念隐含着一个前提假定,即有关目的和手段的知识是给定且已知的,从而将经济学问题简化为约束条件下消费者效用或生产者利润最大化的技术问题。所以,在新古典学派经济学家中,模型化、数字化是经常使用的研究方法,这也是当今经济学研究的主流与趋势。但奥派经济学认为这种范式存在诸多缺陷,误导了整个经济学研究的方向。

由此可见,奥地利学派与新古典学派对经济学概念的理解完全不同。从奥地利学派的创始人门格尔开始,到庞巴维克和维塞尔,再到米塞斯和哈耶克,最后到拉赫曼和科兹纳,多数奥地利学派学者都认为,人不只是将给定的手段分配给给定的目的,而是一直寻求新的目的和手段,同时从过去中学习,并且使用他的想象去发现和创造未来。❹因此,对于奥地利学派来说,经济学构成了一门更加广泛、更为一般化的人的行为理论的一部分,即将经济问题放在人类行为一般理论的大的框架之内。根据哈耶克的说法,米塞斯将这门科学定义为"人类行为的科学",并进行了大量的

---

❶ 在奥地利学派的经济学家看来,所谓企业家精神是一种警觉,即通过发现或觉察来实现某个目的或去获得某些收益的机会,以及采取行动来利用这些机会的能力。

❷ 德索托. 奥地利学派:市场秩序与企业家创造性 [M]. 朱海就,译. 杭州:浙江大学出版社,2010.

❸ ROBBINS L. An Essay on the Nature and Significance of Economic Science [M]. London:Macmillan,1932:16.

❹ 米塞斯. 人类行为的经济学分析 [M]. 聂薇,裴艳丽,译. 广州:广东经济出版社,2010.

应用和研究。[1]

2. 经济学方法论：主观主义与客观主义

奥派经济学在方法论上强调彻底的主观主义。按照奥派经济学的观点，经济现象始于人的思想或想法，并且表现出极为复杂的特性，人们可以利用不同的手段来认识或感知这种复杂性，因此经济学的分析也应该从人的主观认识出发。奥地利学派的开创者门格尔首先开启了主观主义革命，他有逻辑地讨论了价值的定义："所谓价值就是一种财货或一种财货的一定量，在我们意识到我们对于它的支配，关系到我们欲望的满足时，为我们所获得的意义。"[2] 作为门格尔的追随者，维塞尔和庞巴维克继承了主观价值的思想，分别提出了机会成本概念和利息时差理论。维塞尔认为成本是为了获得更高的偏好效用而被有意牺牲的预期效用。[3] 而庞巴维克的利息时差理论指出，现在物品与未来物品之间存在价值差别，因为人类存在偏好现在而低估未来的倾向，这种价值差别是资本利息的来源。[4] 随后，奥地利学派的代表人物米塞斯把经济学发展为一个关于人的行动的先验演绎体系，而这个体系始于对人的行动基本原则的认识。米塞斯认为，社会现象都是行动中的人的主观世界，社会经验是复杂现象的经验，以经济学为典范的社会科学"以人的行动开始，以人的行动终结"。而行动是人的有意识的主观选择。[5] 人的行动是以知识为基础的，知识是行动的工具，即人的行动的主观性需要基于知识的主观性。而奥地利学派中的诺贝尔经济学奖得主哈耶克在其1937年发表的《经济学与知识》一文中就提出了知识问题，引入了主观和分散的知识，从而把经济学从一种纯粹选择的逻辑转化为一门经验科学。哈耶克指出，知识是主观的，社会中每个决

---

[1] HAYEK F A. The Counter-Revolution of Science: Studies in the Abuse of Reason [M]. Glencoe: Free Press, 1952.

[2] 门格尔. 国民经济学原理 [M]. 刘絜敖, 译. 上海: 上海人民出版社, 2005.

[3] 沃恩. 奥地利学派经济学在美国: 一个传统的迁入 [M]. 朱全红, 等译. 杭州: 浙江大学出版社, 2008.

[4] 庞巴维克. 资本与利息 [M]. 何崑曾, 高德超, 译. 北京: 商务印书馆, 2010.

[5] MISES L V. The Ultimate Foundation of Economic Science: An Essay on Method [M]. Princeton: Van Nostrand, 1962.

策者的知识都不同于其他人，每个人在不同的时期，其知识也有差异。❶拉赫曼作为奥地利学派复兴运动中的领军人物之一，师从哈耶克和希克斯，并受到米塞斯的影响，继续推进奥地利学派的主观主义范式，提出了主观预期的概念。拉赫曼认为，哈耶克意义上的知识不再是发现问题，而是创造问题，而经济现象是基于主观知识的个人计划之间的相互作用，这种相互作用引导了米塞斯意义上的人的行动，最终把行动的人导向一种未知但可想象的未来。❷

主观主义范式是奥地利学派的一个显著标志，既是该学派的强纲领，也是该学派经济学家看待经济学的基本立场。方法论个人主义、注重时间与过程、强调制度的进化，都是运用主观主义的结果。奥地利学派的主观主义避开经济学中的实证主义，主张对人、对人的行动与选择、对人的预期与计划的理解，是对经济学的一种人文理解。相反，主流新古典经济学认为经济问题的产生，原因在于社会所面临着保证稀缺资源在相互竞争的、排他性的用途中的最优配置。哈耶克基于主观主义立场对这一观点进行了批判，他认为这种认识没有明确表明个体行为的差异性，仅仅暗示个体行为是理性的，而且更关注作为一个整体的经济体系的运作。❸这样，经济问题就成为客观的。在新古典经济学模型中，静态的数据被当作知识，这种知识可以通过归纳方法来获取，并且可以归于给定的概率分布，经济主体所面临的唯一问题就是在这些数值条件下做出最优的预期与选择。他们认为构成经济约束的是外部世界的客观现象或物质因素，如储煤量、储油量等自然资源的存储量。

3. 假设前提：有限理性与完全理性

有限理性最初是由肯尼斯·阿罗提出的，但主要的提倡者是诺贝尔经济学奖获得者赫伯特·西蒙。在20世纪40年代，西蒙指出了新古典经济

---

❶ 哈耶克. 个人主义与经济秩序 [M]. 邓正来，译. 北京：三联书店，2003.

❷ LACHMANN L M. An Austrian Stocktaking: Unsettled Questions and Tentative Answers [C] // Stephen Little Child. Austrian Economics (volume I). Cheltenham: Edward Elgar Publishing, 1990: 175.

❸ 王军. 现代奥地利经济学派研究 [M]. 北京：中国经济出版社，2004.

学理论的不现实之处,并从管理决策理论的角度对有限理性进行了阐释。西蒙认为,人的认知能力是有限的,人的行为的复杂性反映了其所处环境的复杂性,而人不可能做出最优决策。❶ 由于现实生活中很少具备完全理性的假设前提,人们做出决策需要基于一定的主观判断,即经济个体的决策都是在有限理性的条件下进行的。完全理性使人寻求最优,而有限理性使人寻求满意。西蒙的有限理性和满意准则这两个命题纠正了传统的理性选择理论的偏激性,拉近了理性选择的预设条件与现实生活的距离。

按照哈耶克的观点,知识具有私人性、经验性、默会性、主观性等特性,经济决策所需的各种相关知识是零散的、不完整的,而且分散地存在于所有市场参与者那里,把这些数据归为一种单一的形式实际上是不可能的。❷ 奥派经济学年轻学者奥德里斯库和里佐在《时间与无知的经济学》中指出,个人的知识总是产生于需要解决某一问题的情况下,因而,知识就包括对该问题的精确表述、该问题的背景及解决方法。从经济学的角度来说,这些问题主要是目的与手段之间的关系。❸ 所以,奥派经济学者认为,知识和信息是主观的和分散的,它们在不断地变化,不断地改变着人类行为,个体或组织不可能掌握所有相关信息以及可利用手段的全部知识,人只能是有限理性的。❹

相反,新古典经济学一直把完全理性作为其理论体系一个非常重要的假设前提。行为人的完全理性一般包括以下隐含内容:不存在不确定性;行为人具有确定的效用函数;行为人具有完备的计算和推理能力;选择结果具有描述不变性、程序不变性和前后关系独立性;确定性的报酬函数;行为人可做出最优选择。主流经济学的完全理性假设使其形成完美的理论

---

❶ 袁艺,茅宁. 从经济理性到有限理性:经济学研究理性假设的演变 [J]. 经济学家,2007(3):21-25.

❷ HAYEK F A. Economics and Knowledge, the Use of Knowledge in Society, and the Mean of Competition [M] //Individualism and Economic Order. Chicago: University of Chicago Press, 1948.

❸ O'DRISCOLL G P, RIZZO M J. The Economics of Time and Ignorance [M]. Oxford: Basil Blackwell, 1985.

❹ 奥地利学派所说的市场具有在个人有限理性和根本性不确定性条件下,综合利用分散在各地各人的信息的功能。

体系和预测能力,但是,这种完美只是抽象上的理想模式和方法,不仅经不起经济学内部的逻辑推敲,也经不起实践和现实的考验。现实中的行为人不仅受到理性的驱使,而且会受到感性因素的影响;行为人并不具备完全的计算能力和逻辑推理能力;行为人的偏好具有差异性;无法量化全部决策结果;等等。完全理性作为主流经济学的理论根基存在诸多缺陷,导致新古典经济学不能解释资本主义世界出现的种种经济问题,并受到各种谴责和质疑。

实际上,奥地利学派经济学的有限理性假设与新古典经济学的完全理性假设的区别可以简单地从知识理论的角度进行解读:在奥地利学派经济学家看来,当市场中的利润没有被发现时,会犯"纯企业家错误";而当这种类型的错误被发现并被消除时,"纯企业家利润"才会出现。相反,在新古典学派经济学家看来,这种错误并不存在。因为,在数学最大化约束框架下,根据成本收益分析,所有过去的决策都是"理性化"的。二者争论的焦点也就是个体行为的可错性和不可错性。

4. 经济活动的主角:企业家与"经济人"

奥派经济学与新古典经济学都接受"经济人"假设,即个人的选择行为符合经济理性,也即假设个人对商品组合的偏好满足数学上的完整性和传递性。不过,奥派经济学对人的假设还多出两个特征:当目前的选择点无法满足个人时,他会采取行动以改变目前的选择;当个人对行动的后果感到不满意时,他会调整下一次的行动。[1] 第一点说明个体行为具有能动性;第二点说明个人行为具有学习性,也就是说,经济个体具有"行动自发力",这便是企业家精神。企业家精神是指让个人不断去移动生产可能性曲线的行动自发力。由此可见,企业家精神是与一种进取的态度联系在一起的,是由不断地渴求找到、发现、创造或确定新的目标和手段所构成的。米塞斯认为,企业家精神不是外加于个人的特征,而是"经济人"的本质。换言之,也就是假设每个人先天都具有行动自发力或都是企业家,

---

[1] 黄春兴. 奥地利学派经济理论的一个学习架构[J]. 南大商学评论, 2009 (12): 154-176.

只要他对现状感到不满且同时具有改善现状的知识。

奥派经济学认为企业家是经济活动的主体，正是企业家在市场中的活动使经济体系产生趋于均衡的过程。奥派经济学著名经济学家约瑟夫·熊彼特指出，动态的企业家是从事创新的人，他创造生产的"新组合"❶。所以，在熊彼特看来，企业家是现存均衡的破坏者，他们摧毁了旧的行为模式，并且引入了新的方式，即"创造性破坏"❷，因而他们是与创新和经济运行的不稳定密切相关的因素。米塞斯在其著作《人的行动：关于经济学的论文》中指出，企业家是按照市场情况所产生的变化来行为的人。❸ 也就是说，企业家必须面对一系列的不确定性，并通过调整生产以适应预期条件变化来获取利润，他们具有主动性和冒险性，并推动了经济进步，即企业家是"预测者"。在前人研究的基础上，现代奥派经济学的代表人物伊斯雷尔·科兹纳在企业家精神理论方面进行了深入研究。按照科兹纳的观点，企业家行为是一种与最大化行为相区别的特殊行为，企业家精神是与一种特殊的警觉（altertness）联系在一起的，也就是一种能使一个人发现和把握其周遭发生的事情的持续警惕性。❹ 可见，科兹纳与熊彼特的企业家理论不同，他并不把企业家看作创造者，而是把他们当作"发现者"，他们在发现新的知识和机会后，就会采取行动，攫取利润，并利用经济过程中的非连续性，使经济运行更接近反映人们偏好和机会的真正均衡。

"经济人"又称"经济理性人"，即约束条件下最大化自身偏好的人。❺ 实际上，这一概念源于亚当·斯密的《国富论》中的一段话：我们每天所需要的食物和饮料，不是出自屠户、酿酒家和面包师的恩惠，而是

---

❶ 所谓"新组合"，即一种新产品，一种新的生产方法，一个新的市场，一种新的供应源，一种新的产业组织。熊彼特. 经济发展理论 [M]. 何畏, 易家详, 等译. 北京：商务印书馆, 1997.

❷ 熊彼特将企业家视为创新的主体，其作用在于创造性地破坏市场均衡（他称之为"创造性破坏"）。

❸ MISES L V. Human Action: A Treatise on Economics [M]. New Port: Yale University Press, 1963.

❹ 科兹纳. 竞争与企业家精神 [M]. 刘业进, 译. 杭州：浙江大学出版社, 2013.

❺ 高鸿业. 西方经济学：宏观部分 [M]. 北京：中国人民大学出版社, 2018.

出于他们自利的打算。❶ 之后，西尼耳定量地确定了个人经济利益最大化公理，约翰·穆勒在此基础上总结出"经济人假设"，最后帕累托将"经济人"这一名词引入经济学。新古典经济学认为，"经济人"就是经济活动的行为主体，其具有功利主义本性，具有完全理性，追求利润和效用最大化。❷ 新古典经济学对"经济人"的行为进行定性和定量分析，通过引入数量分析方法解答了斯密没有解答的问题。同时，新古典经济学考察了"经济人"在不同市场形态下利润和效用最大化的条件，强调"经济人"只有在完全竞争的市场环境中，才能达到均衡状态，实现最大的满足和效率。可见，新古典经济学将斯密的"经济人"进一步抽象为具有完全理性、简单的、可量化的"机械人"，把经济学从具有道德性和社会性的学科转化为只有技术工具意义的学科。所以，在新古典经济学的完美世界中，排除了想象力和创造力对个人行动的影响，可以客观地定义最优解，企业家没有存在的必要。比如，在新古典经济学的厂商理论中，企业可以根据边际成本等于边际收益原则确定均衡价格和均衡产量，生产经营活动只是一个计算过程，根本不需要企业家的存在。

5. 经济活动的划分：协调过程与一般均衡

奥派经济学认为市场是一种竞争性企业家的发现过程，在这个过程中，当个体寻求他们认为与其身处的环境相关的目的和手段时，他们就不断地创造出新的信息，这样，他们就在无意中启动了自发的协调过程。这是一个动态的、不会终止的过程，它不断地把文明扩散出去，推动文明的进步。❸ 奥派经济学对市场过程的研究始于米塞斯，他在《人的行为》一书中首先将市场理解为一个过程："市场不是一个确切的地方、一件物品或一个集合体。市场是一个过程，它是由在劳动分工条件下的相互合作的

---

❶ 亚当·斯密. 国富论 [M]. 王大力，译. 北京：商务印书馆，2015：25.

❷ 科恩，谢富胜，汪家腾，等. 西方新古典经济学如何主导了中国的经济学教育 [J]. 海派经济学，2017 (1)：121-144.

❸ HUERTA S J. The Economic Analysis of Socialism [M] // MEIJER G. New Perspectives on Austrian Economics. London and New York：Routledge，1992.

个人行为来驱动的。"❶ 在他看来，市场完全是人类行为的结果，每一种市场现象都能回溯到市场中各种行为人的确定选择。而人类行为在面对不确定的世界时，便包含了企业家精神。所以，米塞斯又将市场过程进一步理解为企业家过程，由永无止境的利润驱动的非均衡移动构成，倾向于不断促进协调，但永远受到外生因素的冲击和干扰。哈耶克的市场过程思想主要是基于其知识理论。他认为，经济学家要解决的基本问题是分散于经济主体之间的知识得以协调的问题，即知识分工背景下的知识协调问题，而解决这一问题的过程便是市场过程。所以，在哈耶克的市场过程思想中，资源、偏好和技术的知识都是分散的，没有任何一个人、企业或政府能拥有最佳配置资源所需的所有知识，并不存在最优的资源配置。因此，每个人只能偶尔获得新知识、新信息，使他能重新配置资源而获利，这样的发现为是市场过程的特征。对于奥地利学派来说，根本的经济问题不是已知约束条件下目标函数的最大化，而是与此相反，即目标和手段都不可计数且相互竞争，知识不是给定的，而是分散在不同人的头脑中。所以，我们不可能知道所有可能性目的和手段，以及每个人的对它们的偏好程度。奥派经济学的市场过程理论强调企业家的发现行为对市场运作所起到的重要作用，正是企业家之间的相互竞争使市场参与者具有了系统性相互协调的倾向。

　　新古典经济学以一般均衡理论为基础，关注的基本问题是找到给定资源最优配置的条件，其均衡概念实际上是牛顿力学在经济学领域中具体运用的结果。主流经济学借鉴物理学体系中界定科学事实、提出假说、实验验证、形成理论等基本方法，并逐步构建经济学分析框架，促进了精密新古典经济理论的形成。自斯密"看不见的手"之后，经过瓦尔拉斯的构造、阿罗和德布鲁的证明，以及"经济人"、完全信息、完全理性、单一因果关系、函数连续可微等假设之后，主流经济学一直致力于学科的精巧化和科学化，表现出结构上的稳定性。形式上越来越完美的新古典经济学越发脱离现实，由于严格的假设前提和脆弱的方法论基础，其无法解释现

---

❶ 米塞斯. 人的行为 [M]. 夏道平, 译. 台北：远流出版社, 1991: 353.

实世界中的经济问题,更无法提出有效的解决办法。与奥派经济学家对趋向均衡状态的市场过程感兴趣不同,新古典学派经济学家只关注具有比较静态特征的均衡模型。因此,新古典方法只是更为丰富、更为一般化且能够对真实的社会做出更好解释的奥地利学派模型中一种相对不重要的特殊情况。

6. 思考:奥派经济学的出路与新古典经济学的变革

经济学,就其本质而言,是研究人类社会中隐藏秩序的一门社会科学。隐藏秩序通常被无序或混乱的事物和表象所掩盖,对这些社会秩序原理的发现和解释的过程便是经济学发展的过程,而且这一过程必须保证连贯性和理论性,否则就不会有所谓的经济科学。问题在于:我们如何在资源有限、知识不完备的前提下,对不确定世界中的社会秩序进行解释,并保证认识的正确性?[1] 新古典经济学已经提供了一种符合连贯性和理论性要求的对经济秩序的解释,这种解释借助均衡来构造出各种相互对抗的力量,简化了复杂的社会现实,从而让人们能够以简便的模式处理现实世界中遇到的各种问题。新古典经济学的成功主要归功于对人类行为的近乎合理的描述(约束条件下最大化个人偏好)和高度简化的假设(完备知识)。

针对新古典经济学的这种"成功",许多奥派经济学家提出了诸多批评,比如:新古典经济学的均衡分析缺乏过程视角的解读;新古典经济学的完备知识和完全理性假设脱离现实;新古典经济学忽视了市场中产品的异质性;新古典经济学经济绩效的评价过于片面;等等。然而,奥派经济学家的这些"指责"并未动摇新古典经济学派在经济论述中的主导地位,这主要是因为新古典经济学虽然存在诸多缺陷,但在解释市场经济的许多方面已经足够,而奥派经济学却并未提出一种在解释经济秩序方面优于新古典经济学的替代理论结构,仅仅对其个别假设和理论进行抨击是不够的。因此,奥地利学派与新古典经济学相比,前者更像是一个批评者、诠释者,而不是建设者,并始终在经济科学中处于被边缘化的境地。奥派经

---

[1] 沃恩. 奥地利学派在美国:一个传统的迁入 [M]. 朱全红,等译. 杭州:浙江大学出版社,2008.

济学虽然对经济论述做出了许多贡献，但是这些贡献更多是一种说明性的辅助性质，而不能起到主导作用，也不会带来革命性的影响。所以，从历史上看，奥派经济学中即使一直存在着一些重要的思想，如市场过程、主观主义、学习和时间的观念等，并且奥派经济学家们也提出了新的途径来创立关于人类利用特定资源追求其目标和计划的理论，但他们并未在与主流经济学的竞争中获胜。要想提升自身的学术影响力，进而摆脱非主流经济学流派的地位，奥派学者必须改变坚守经济学"真理"的方式，构建与主流经济学对话的"桥梁"，比如：适度应用数学，使用数学工具来表达深刻的思想；用理论解释现实，而不是仅仅局限于逻辑上的推理。

附录 B 米塞斯著作一览表

1912 年，《货币与信用理论》（*The Theory of Money and Credit*）

1919 年，《民族、国家与经济》（*People, State and Economy*）

1922 年，《社会主义：经济与社会学的分析》（*Socialism: An Economical and Sociological Analysis*）

1927 年，《自由与繁荣的国度》（*A Free and Prosperous Commonwealth*）

1929 年，《干预主义的批判》（*A Critique of Interventionism*）

1933 年，《经济学的认识论问题》（*Epistemological Problems of Economics*）

1939 年，《货币、方法与市场过程》（*Money, Method, and the Market Process*）

1940 年，《国民经济学》（*National Ökonomie*）

1949 年，《人的行动：关于经济学的论文》（*Human Action: A Treatise on Economics*）

1944 年，《官僚主义》（*Bureaucracy*）

1944 年，《全能政府》（*Omnipotent Govern-merit: The Rise of the Total States and Total War*）

1947 年，《计划出来的混乱》（*Planned Chaos*）

1952 年，《为自由而制定计划》（*Planning for Freedom*）

1956 年，《反资本主义心态》（*The Anti-Capitalistic Mentality*）

1957 年，《理论与历史：对社会与经济演变的解释》（*Theory and History: An Interpretation of Social and Economic Evolution*）

1962 年，《经济科学的终极基础：论方法问题》（*The Ultimate Foundation of Economic Science: An Essay on Method*）

1969 年,《奥地利学派经济学的历史背景》(The Historical Setting of the Austrian School of Economics)

1978 年,《路德维希·冯·米塞斯:笔记与回忆》(Ludwig von Mises, Notes and Recollections)

1979 年,《经济政策:关于现在与未来的想法》(Economic Policy: Thoughts for Today and Tomorrow)

1998 年,《干涉主义:一种经济分析》(Interventionism: An Economic Analysis)